CHRISTOPH PRAËL

Eingliederung und Beherrschungsvertrag als körperschaftliche Rechtsgeschäfte

Schriften zum Wirtschaftsrecht

Band 28

Eingliederung und Beherrschungsvertrag als körperschaftliche Rechtsgeschäfte

Von

Dr. Christoph Praël

LL. M. Univ. of Michigan

DUNCKER & HUMBLOT / BERLIN

Gedruckt 1978 bei Buchdruckerei Bruno Luck, Berlin 65
Printed in Germany
ISBN 3 428 04080 5

Vorwort

Ziel dieser Arbeit ist es, einen Beitrag zu den rechtssystematischen Grundlagen der körperschaftsrechtlichen Unternehmensverbindungen zu leisten. Die Vorschriften des Aktiengesetzes 1965 wurden in enger Anlehnung an die von der Praxis entwickelten Formen der Unternehmenszusammenfassungen entworfen. Dabei konnten sich die Verfasser nicht auf eine körperschaftsrechtliche Dogmatik stützen, an der sie die Vorschriften hätten ausrichten können. Umfassendere Grundlagen in diesem Bereich hätten sicher zu widerspruchsfreieren und konsequenteren gesetzlichen Regelungen geführt. Auch angesichts des großen Interesses der europäischen und internationalen Rechtswissenschaft an dieser ersten Kodifizierung des Konzernrechts erscheint es wünschenswert, die rechtssystematische Diskussion fortzuführen. Eine dogmatische Klärung des unternehmenszusammenfassenden Rechtsgeschäfts kann zudem für die Auslegung der aktienrechtlichen Vorschriften und für die Lösung vielfältiger zivilrechtlicher Probleme Anhaltspunkte geben. Auch das Wirtschaftsrecht, das immer wieder an zivilrechtliche Tatbestände anknüpft, bedarf einer zuverlässigen dogmatischen Grundlage im Körperschaftsrecht, um einen Ausgleich zwischen wirtschaftsrechtlichen und körperschaftsrechtlichen Zielsetzungen zu finden.

Die Arbeit hat 1976 der Juristischen Fakultät der Ludwig-Maximilian-Universität in München als Dissertation vorgelegen.

Die Anregung zur Untersuchung des Rechtsinstituts der Eingliederung gab Herr Professor Dr. Götz Hueck, dem ich hierfür wie für alle weitere Unterstützung danken möchte. In besonderem Maße gilt mein Dank meinem Lehrer, Herrn Professor Dr. Wolfgang Fikentscher, der meiner Arbeit immer mit Interesse entgegengekommen ist und sie durch vertiefende Gespräche und vielfältige Hinweise gefördert hat. Herrn Professor Dr. Johannes Broermann danke ich für die Aufnahme dieser Untersuchung in die Schriftenreihe zum Wirtschaftsrecht.

Christoph Praël

Inhaltsverzeichnis

§ 1. Einleitung 13

§ 2. Die Verfassung als die organisatorische Grundlage der juristischen Person 16

A. Der Begriff „Verfassung“ 16

B. Die Bedeutung der Organisation für die juristische Person 16

I. Die Organisation als Voraussetzung für die Rechtsfähigkeit 16

II. Die einzelnen Aufgaben der Organisation 17

1. Die Individualisierung 17
2. Die Organisation der Interessen und die Regelung der Beziehungen zu den Mitgliedern und zu Dritten 17
3. Die Ersetzung der Willens- und Handlungsfähigkeit 19

C. Verfassungsrecht und Körperschaftsrecht 20

§ 3. Die Rechtsnatur der Satzung und ihres Entstehungsaktes 22

A. Einleitung 22

I. Der Begriff der Satzung 22

II. Die Funktion der Satzung 23

III. Die Grundlagen des Streits um die Rechtsnatur der Satzung 23

B. Der Streit um den Geltungsgrund der Satzungsregelungen 24

I. Die originäre Geltung 24

II. Die delegierte Autonomie 24

III. Die Privatautonomie als Geltungsgrund 26

IV. Wertung 27

C. Der Meinungsstreit um die Rechtsnatur der Satzungsfeststellung 28

I. Die Gesamtaktstheorie 28

II. Die Vertragstheorie 30

III. Stellungnahme 31

D. Charakteristika der in der Satzung enthaltenen Regelungen 31

I. Der Inhalt verfassungsrechtlicher Rechtsbeziehungen 31

II. Die Tatbestandsbedingtheit 31

III. Die Bestimmung der Regelung für Dauer 32

IV. Die Zahl der Beteiligten 33

V. Die Generalität der Regelungen 33

VI. Der Wirkungsbereich körperschaftsrechtlicher Regelungen 36

1. Die Beziehungen der Körperschaft zu den Gläubigern 36
2. Der Mitgliederwechsel 36

VII. Die aus diesen Besonderheiten zu ziehenden allgemeinen rechtlichen Konsequenzen 37

E. Die aus der Rechtsnatur abgeleiteten konkreten Rechtsfolgen 37

I. Mängel der Willenserklärungen 38

II. Teilnichtigkeit 40

III. Auslegung 40

IV. Revisibilität 42

F. Die Änderung der Satzung 43

§ 4. Der Beitritt in eine Körperschaft 45

A. Die Rechtsnatur des Beitritts 45

B. Die Zuständigkeit für die Aufnahmeerklärung 45

C. Mängel der Beitritts- und Aufnahmeerklärung 46

D. Der Beitritt als Grund für die Verbindlichkeit der Satzung 46

§ 5. Beschluß und Vertrag als Formen körperschaftlicher Rechtsgeschäfte 48

A. Der Vertrag 48

I. Der Begriff des Vertrages in der vom Bürgerlichen Gesetzbuch bestimmten Dogmatik 48

II. Die Lösung des Vertragsbegriffes vom Bürgerlichen Gesetzbuch 49

III. Stellungnahme 50

B. Der Beschluß 51

I. Die typischen Funktionen des Beschlusses 52

II. Die Beschlußfassung 54

III. Das Beschlußergebnis 55

IV. Vertretung 55

V. Die Rechtsnatur des Beschlusses 56

1. Der Beschluß als Rechtsgeschäft 56
2. Die Abgrenzung von Beschluß und Vertrag 58
3. Stellungnahme 59

VI. Die aus der Rechtsnatur des Beschlusses abgeleiteten Rechtsfolgen 59

1. Folgen für die Stimmabgabe 59
2. Folgen für das Beschlußergebnis 60

§ 6. Die körperschaftsrechtlichen Unternehmenszusammenfassungen .. 65

A. Der Streit um die Rechtsnatur der Unternehmensverträge 65

I. Die ersten Einteilungen der Unternehmenszusammenfassungen: Haussmann, Kronstein 65

II. Die Diskussion bis zur Regelung der Verträge im Aktiengesetz von 1965 66

III. Die Beherrschungs- und Gewinnabführungsverträge des Aktiengesetzes von 1965 67

IV. Schuldrechtliche Unternehmensverträge 68

B. Stellungnahme 69

I. Die Interessenstruktur 69

II. Das Unternehmen ... 69

III. Die wesentlichen durch den Beherrschungsvertrag geschaffenen Rechtsbeziehungen ... 72

IV. Die Rechtsbeziehung zwischen herrschendem Unternehmen und abhängiger Gesellschaft ... 76

V. Die Struktur der Beziehung zwischen den Unternehmen vor Abschluß des Beherrschungsvertrages ... 77

VI. Die gesetzliche Ausgestaltung des Beherrschungsvertrages 77

VII. Kompetenz zur Änderung der Verfassung ... 79

VIII. Vergleich des Beherrschungsvertrages mit der Satzungsänderung und dem Gründungsvertrag ... 80

IX. Wertung von Beherrschungsvertrag und Zustimmungsbeschluß der Hauptversammlung der zu beherrschenden Gesellschaft ... 81

C. Die einzelnen Rechtsfolgen der Zwei-Komponenten-Theorie .. 86

I. Der Grundsatz der Vertragsfreiheit ... 86

II. Auslegung ... 87

III. Aufhebung und Kündigung ... 87

IV. Die Fehlerhaftigkeit des Beherrschungsvertrages ... 89

V. Rücktritt ... 92

VI. Vertragliche Erfüllungsansprüche ... 93

VII. Haftung des herrschenden Unternehmens ... 93

VIII. Die Kollision von Satzungsbestimmungen und Beherrschungsvertrag ... 95

§ 7. Die Rechtsnatur des Eingliederungsaktes ... 96

A. Behandlung in der Literatur und Rechtsprechung ... 96

B. Die Voraussetzungen der Eingliederung ... 96

C. Die der Eingliederung zugrundeliegende Struktur ... 97

D. Die Interessenstruktur und Funktion der Eingliederungsverfassung ... 98

E. Die durch die Eingliederung entstehenden Rechtsbeziehungen 100

F. Die Funktion des Eingliederungsaktes 104

I. Verfassungsumgestaltung durch den Eingliederungsakt .. 104

II. Keine Interessenausgleichsfunktion 105

III. Beteiligungsfunktion 106

G. Die rechtsgeschäftliche Natur des Eingliederungsaktes 106

H. Zusammenfassende Wertung des Eingliederungsaktes 108

J. Folgerungen aus der rechtlichen Natur der Eingliederung 109

I. Die aus dem Eingliederungsakt folgenden Rechtsbeziehungen 109

II. Die Fehlerhaftigkeit des Eingliederungsbeschlusses 110

1. Die grundsätzliche Geltung der §§ 241 ff. AktG 110

2. Anfechtungsgründe 111

3. Kritik an der Anfechtbarkeit 112

III. Das Fehlen der Voraussetzungen der Eingliederung 113

IV. Die Fehlerhaftigkeit des Zustimmungsbeschlusses der Hauptgesellschaft 113

V. Die Rechtsfolgen der Nichtigkeit 114

VI. Die Auslegung des Eingliederungsbeschlusses 114

VII. Die Kollision der verfassungsrechtlichen Regelungen von Satzung und Unternehmensvertrag mit denen der Eingliederung 115

1. Satzung und Eingliederungsverfassung 115

2. Das Verhältnis des älteren Unternehmensvertrages zur Eingliederung 116

K. Die Ausdehnungsfähigkeit des Instruments der Eingliederung auf andere Gesellschaftsformen 118

§ 8. Zusammenfassende Thesen 120

Literaturverzeichnis 122

§ 1. Einleitung

Die vorliegende Untersuchung hat das Ziel, die rechtliche Natur der Eingliederung und ihre systematischen Unterschiede zu anderen Formen der Unternehmenszusammenfassung zu beleuchten. Die Eingliederung ist als körperschaftliches Rechtsinstitut in einen Rechtskreis eingebettet, der in seinen Grenzen unscharf und dogmatisch bisher wenig durchstrukturiert ist und dessen Begriffe noch kaum gefestigt sind. Zwar wurden die vom bürgerlichen Recht abweichenden Interessenkonstellationen und Regelungsbedürfnisse im Körperschaftsrecht im Rahmen einzelner Streitfragen betont, und bei einzelnen körperschaftlichen Rechtsgeschäften wurde erkannt, daß die Vorschriften des Allgemeinen Teils des Bürgerlichen Gesetzbuches nicht zu angemessenen Lösungen führen. Nachdem es bis zum Beginn des Jahrhunderts nicht gelungen war, eine Korporationstheorie zu bilden[1] und ein spezifisch körperschaftliches Rechtsgeschäft herauszuarbeiten[2], hat sich das wissenschaftliche Interesse dieser Fragen kaum mehr angenommen. Die Versuche einer Theorienbildung litten zum Teil an der Vorstellung der Körperschaft als eine wie die natürliche Person auch unabhängig vom Recht bestehenden Verbandspersönlichkeit[3]. Auch diese Arbeit kann sich weder zum Ziel setzen, ein grundlegendes theoretisches Konzept zu entwickeln, noch einheitliche dogmatische Grundlagen der körperschaftlichen Rechtsgeschäfte herauszuarbeiten. Sie muß sich vielmehr darauf beschränken, einzelne Rechtsgeschäfte beispielhaft zu diskutieren. Aus dieser speziellen Blickrichtung mögen dennoch einige Gesichtspunkte für eine dogmatische Durchdringung des Körperschaftsrechtes beigetragen werden.

Die rechtssystematischen Fragen der Unternehmenszusammenfassungen sind im Zusammenhang mit dem Organschaftsvertrag und dem Beherrschungsvertrag in seiner Ausgestaltung durch das Aktiengesetz 1965 betrachtet worden, ohne daß auf die Besonderheiten der Eingliederung bisher eingegangen wurde. Der Versuch, die Eingliederung ohne

---

[1] Fiktionstheorie: *v. Savigny,* System II, §§ 85 ff.;
Theorie von der realen Verbandspersönlichkeit: *Beseler* S. 254; *O. v. Gierke,* DPrR I, S. 469 ff.; *Schönfeld,* Walther: Zur Ehrenrettung der juristischen Person. AcP, Bd. 136, S. 331 ff.; *Oertmann* Vorbemerkung 2 c, S. 81;
Theorie der Zweckpersonifikation: *Enneccerus,* Ludwig: Das Bürgerliche Recht. Bd. 1, 2. Aufl., Marburg 1901, § 29; *Lehmann / Hübner* § 60 I 2 c.

[2] Zur Theorie vom Gesamtakt vgl. unten S. 28.

[3] So die Theorie von der realen Verbandspersönlichkeit.

Bruch in die anderen unternehmenszusammenfassenden Rechtsakte einzuordnen, mag auch auf diese neues Licht werfen.

Die Entstehungsgeschichte hat den Aufbau der Vorschriften im Recht der verbundenen Unternehmen wesentlich bestimmt. Die von der Praxis unter steuerrechtlichem Einfluß entwickelten Beherrschungs- und Gewinnabführungsverträge wurden vom Gesetzgeber in eine die Interessen abwägende Form gezwungen, und der faktischen Konzernbeziehung wurden Grenzen gezogen. Im Gegensatz dazu wurde das Rechtsinstitut der Eingliederung im Aktiengesetz 1965 in den §§ 319 bis 327 neu geschaffen. Auch der Referentenentwurf enthielt noch keine entsprechende Regelung, sie wurde erst als §§ 308 bis 315 in den Regierungsentwurf eingefügt[4].

Die Entstehung dieses Rechtsinstituts ist auf eine Anregung Flumes[5] zurückzuführen. Er schlug vor, den Rechtsstatus der Abhängigkeit durch eine „Verschmelzung unter Aufrechterhaltung der Rechtspersönlichkeit" zu begründen. Dabei sollten die Minderheitsaktionäre der abhängigen Gesellschaft als Aktionäre der herrschenden aufgenommen werden. Flume hatte diese Regelung als einzige Form zur Begründung der Abhängigkeit zulassen wollen, hat sich mit diesem Ziel aber nicht durchsetzen können[6]. Rasch[7] setzte sich mit den Vorschlägen Flumes auseinander, hob die Sonderstellung der vollständigen mitgliedschaftlichen Beherrschung gegenüber der bloßen Beteiligung hervor und gab damit den Anstoß, die Eingliederung als Sonderfall einer Beherrschung in Anlehnung an die Vorschriften des Beherrschungsvertrages in den Regierungsentwurf einzufügen[8]. Daraus erklärt sich die enge Anlehnung der verfassungsmäßigen Ausgestaltung der Eingliederung an die der Unternehmensverträge, die den Besonderheiten der Eingliederung nicht immer gerecht wird und die systematisch inkonsequente Stellung der Vorschriften als dritter Teil im dritten Buch des Aktiengesetzes.

Die folgende Untersuchung wird zunächst einige Grundlagen der juristischen Person in knapper Form und nur in einem Umfang darstellen, der für das Verständnis körperschaftlicher Rechtsakte unerläßlich ist. Mit derselben Zielsetzung ist sodann auf die Rechtsnatur der Satzungsregelung einzugehen. Als erster und bedeutendster körperschaftlicher Rechtsakt soll die Satzungsfeststellung und der darüber entbrannte Meinungsstreit dargestellt werden. Er hängt wiederum eng

---

[4] Vgl. Referentenentwurf eines Gesetzes über Aktiengesellschaften §§ 270 bis 285.

[5] Referentenentwurf, S. 31 f.; vgl. auch DB 1959, 190, (194).

[6] Vgl. den Diskussionsbeitrag *Geßlers* in *Flume*, Konzernrechtliche Gestaltung, S. 78.

[7] BB 1959, 165 (168).

[8] Vgl. Begr.Reg.E. zu § 319 bei *Kropff*, S. 422.

mit der Qualifizierung der Satzungsregelungen zusammen. Trotz aller Skepsis, daß aus der Rechtsnatur entscheidende Schlüsse auf bestimmte Rechtsfolgen gezogen werden können, sollen im Anschluß einzelne Rechtsfolgen diskutiert werden, für die der Meinungsstreit um die Rechtsnatur als ausschlaggebend angesehen wurde. Die Betrachtungen der Satzung sollen mit einem Blick auf die Satzungsänderung abgeschlossen werden. Einen Rechtsakt anderer — körperschaftsrechtlicher aber nicht verfassungsbeeinflussender — Qualität stellt der Beitritt dar. Er ist als Beispiel eines Rechtsgeschäftes, das einen bisher Außenstehenden in eine Körperschaft einordnet, Voraussetzung für das Verständnis des Beherrschungsvertrages. Sodann wird auf die Rechtsgeschäftstypen des Vertrages und des Beschlusses allgemein einzugehen sein. Dabei kann nur der Beschluß in seiner Funktion, seiner Erscheinungsform, seiner rechtlichen Bewertung und den daraus abgeleiteten Rechtsfolgen eingehender erläutert werden.

Diese gerafften Darstellungen aus der noch konturlosen Dogmatik des Körperschaftsrechtes müssen ausreichen, um die beiden unternehmenszusammenfassenden Instrumente „Beherrschungsvertrag" und „Eingliederung" zu untersuchen. Nach einer Zusammenfassung der Diskussion um die Rechtsnatur des Beherrschungsvertrages sind die ihm zugrundeliegende Interessenstruktur, seine unternehmenszusammenfassende Funktion und die einzelnen dadurch begründeten Rechtsbeziehungen zu beleuchten. Daraus ergibt sich die rechtliche Beziehung zwischen abhängigem Unternehmen und herrschender Gesellschaft. Sie ist zusammen mit einem Blick auf die Struktur der Beziehungen vor Abschluß des Beherrschungsvertrages, mit seiner gesetzlichen Ausgestaltung und einem Blick auf die Kompetenz zur Änderung der körperschaftlichen Verfassung Voraussetzung für ein neues Verständnis des Beherrschungsvertrages. In der Diskussion einzelner Rechtsfolgen soll sich erweisen, daß diese Auffassung die Besonderheiten der körperschaftsrechtlichen Zusammenfassung von Unternehmen zutreffender erklären kann als die Theorie vom Organisationsvertrag. Im folgenden Paragraphen wird nach analogen Vorüberlegungen die rechtliche Natur des Eingliederungsaktes beschrieben und einzelne daraus zu ziehende Folgerungen erläutert. Die Arbeit schließt mit einer Überlegung zur Ausdehnungsfähigkeit der Eingliederung als unternehmenszusammenfassendes Instrument.

§ 2. Die Verfassung als die organisatorische Grundlage der juristischen Person

A. Der Begriff „Verfassung"

Bei der rechtstheoretischen Durchdringung des Körperschaftsrechtes erlangt der Begriff der Verfassung eine zentrale Bedeutung. Verfassungsregelungen bilden den Kern der Satzung. Der Begriff wird in den verschiedenen Gesetzen (§ 25 BGB; 1. Buch, 4. Teil des Aktiengesetzes) und als davon unabhängiger abstrakter Begriff in der Literatur unterschiedlich gebraucht[9]. Für diese Untersuchung ist nur ein materieller Begriff der Verfassung sinnvoll. Er soll die Regelungen kennzeichnen, die den Personenverband organisieren[10].

B. Die Bedeutung der Organisation für die juristische Person

I. Die Organisation als Voraussetzung für die Rechtsfähigkeit

Natürliche und juristische Personen gleichen sich darin, daß ihre Rechtsfähigkeit nicht aus ihrer bloßen Existenz, sei es als natürliche Person, sei es als einer soziologischen Einheit, folgt, sondern ihnen erst durch die Rechtsordnung verliehen wird[11]. Die Verleihung der Rechtsfähigkeit an die natürliche Person ist jedoch durch die Aufgabe der Rechtsordnung, die menschlichen Beziehungen zu regeln, vorgezeichnet.

---

[9] Nach § 25 BGB wird die Verfassung eines rechtsfähigen Vereins, soweit sie nicht auf den nachfolgenden Vorschriften beruht, durch die Vereinssatzung bestimmt. Damit wird der Begriff der Verfassung jedoch nicht definiert, da offen bleibt, was unter Satzung zu verstehen ist. Während *Palandt / Danckelmann* (§ 25, Anm. 1b aa) die Vereinssatzung formell versteht und daneben „Vereinsgesetze" anerkennt, bestimmen *Staudinger / Coing* (§ 25, Rdn. 3) und *Soergel / Schultze-v. Lasaulx* (§ 25, Rdn. 5) den Satzungsbegriff materiell und gelangen damit auch zu einem materiellen Begriff der Verfassung.

Das Aktiengesetz versteht unter dem Begriff der Verfassung in der Überschrift des 1. Buchs, 4. Teil nur die Regelung der Organzuständigkeit und -verantwortlichkeit.

[10] Vgl. *Soergel / Schultze-v. Lasaulx* § 25 Rdn. 1; *Staudinger / Coing* § 25 Rdn. 1; *Enneccerus / Nipperdey* § 108 II; *Erlinghagen* S. 109; *Ballerstedt;* DB 1957, 837; jeweils mit abweichenden Einteilungen der Normenbereiche aber im wesentlichen mit gleichem Umfang.

Der Begriff der Verfassung mag eine Begrenzung auf die Grundvorschriften der Organisation andeuten. Eine solche Grenze ist aber nicht nur schwer zu ziehen, sondern auch ohne Bedeutung.

[11] *Soergel / Schulze-v. Lasaulx* Vor § 21 Rdn. 11; *Würdinger,* AktR, S. 15; *Wolff* I S. 150; *Rittner* S. 217; *Georgakopoulos* S. 2, 8 ff.

Die Übertragung der Rechtsfähigkeit an die juristische Person hat dagegen die Funktion, einen selbständigen Zuordnungspunkt für Rechte und Pflichten zu bilden, und damit komplexe Rechtsbeziehungen zwischen natürlichen Personen zu vereinfachen[12]. Um dieses Ziel zu erreichen, muß die Rechtsordnung Ersatz für die beim Menschen als natürliche Gegebenheit vorgefundene wirkungsfähige Einheit schaffen. Darin liegt eine grundlegende Aufgabe der Organisation.

Als wirkungsfähige, d. h. willensbildungs- und handlungsfähige Einheit, erfüllt die juristische Person zugleich die für einen Unternehmensträger[13] unabdingbaren Voraussetzungen. Die Organisation der juristischen Person ist bei der wirtschaftlich tätigen Körperschaft zugleich Organisation des sozialen Gebildes Unternehmensträger. Es ist heute nicht mehr umstritten, daß erst die rechtliche Organisation die juristische Person als Rechts- und Sozialgebilde schafft[14].

II. Die einzelnen Aufgaben der Organisation

1. Die Individualisierung

Erste Voraussetzung für die Funktion der juristischen Person ist, daß sie als Zuordnungseinheit selbständig und von anderen Zuordnungseinheiten unterscheidbar ist, und zwar sowohl zeitlich nach Anfang und Ende als auch gegenüber gleichzeitig existierenden Zuordnungseinheiten, und zwar unterscheidbar für jede rechtlich relevante Beziehung[15]. Die Organisation individualisiert die juristische Person, indem sie Name und Sitz festlegt. Durch ein System von Regeln sondert sie das Vermögen der juristischen Person von dem der Mitglieder und bindet es bei ihr.

2. Die Organisation der Interessen und die Regelung der Beziehungen zu den Mitgliedern und zu Dritten

Die Aktiengesellschaft ist das Feld, auf dem sich vielfältige Interessen begegnen: das Interesse der Aktionäre an der Rendite und Erhal-

[12] Die Diskussion um das Wesen der juristischen Person kann hier nicht erneut aufgenommen werden. Sie wurde zuletzt von *Rittner* (S. 180 ff) dargestellt und fortgeführt. Vgl. auch oben Fn. 1. Die wenigen grundlegenden Aussagen über die juristische Person, deren es hier bedarf, werden von allen Theorien geteilt. Das gilt auch vom Vereinfachungszweck, ohne daß damit Stellung genommen werden soll, ob dieser Zweck das Wesen der juristischen Person erschöpft. Vgl. *Baumbach / Hueck* § 1 Rdn. 4; *Enneccerus / Nipperdey* § 103; *Fabricius* S. 44; *Kraft* in Kölner Komm. § 1 Rdn. 7; *Wolff* S. 207, 229.

[13] Zum Begriff vgl. *Rittner* S. 282 ff.; *Rehbinder* (S. 58) spricht von Unternehmen im subjektiven Sinne und macht damit die enge Verknüpfung von Unternehmen und dessen Rechtsträger noch deutlicher.

[14] Vgl. *Rittner* S. 217. Die Theorie von der realen Verbandspersönlichkeit (vgl. oben Fn. 1) hat sich nicht durchsetzen können.

[15] *Georgakopouls* S. 4.

tung ihres Kapitals, der Gläubiger an der Erfüllung ihrer Forderungen, der Arbeitnehmer an der Leistungsfähigkeit zur Zahlung des Lohnes und an der Erhaltung ihrer Arbeitsplätze und schließlich das Interesse des Konsumenten an der Versorgung mit den Produkten des Unternehmens. Die Interessen treffen sich in der Regel in dem Erwerbsinteresse der Aktiengesellschaft[16], das die normal strukturierte Gesellschaft im Rahmen ihres Unternehmens[17] verfolgt. Darüber hinaus ist ein eigenständiges Interesse der Aktiengesellschaft selbst nicht anzuerkennen[18]. Wird gelegentlich von einem Interesse insbesondere der abhängigen Gesellschaft gesprochen[19], so nur in dem abkürzenden Sinne als Zusammenfassung der in der Gesellschaft zusammentreffenden Interessen zu einem einheitlichen Erwerbsinteresse. Gerade das sogenannte Erwerbsinteresse der abhängigen Gesellschaft ist für den Ausgleich der hinter ihr stehenden natürlichen Interessen bedeutsam und geht nicht ohne weiteres in einer größeren Interesseneinheit auf.

Die juristische Person als organisiertes Sozialgebilde verfaßt die Interessen, indem sie die Rechtsbeziehungen der hinter ihr stehenden natürlichen Personen ordnet. Diese Funktion hat H. J. Wolff[20] ausführlich beschrieben. Er unterscheidet zur Verdeutlichung der Beziehungen die Begriffe der Rechtsfähigkeit einerseits und der Rechts- und Pflichtsubjektivität andererseits. Rechtssubjektivität setzt Interessenträgerschaft voraus, Pflichtsubjektivität Vernunftbegabung und Willensfähigkeit[21]. Beide Begriffe können sich nur auf den Menschen als „Person im philosophischen Sinne" beziehen[22]. Die juristische Person ist in diesem Sinne weder Rechts- noch Pflichtsubjekt, sondern lediglich rechtstechnischer Zuordnungsendpunkt von Berechtigungen und Verpflichtungen. Ihre Rechte und Pflichten sind intern Rechte und Pflichten der Mitglieder und Organwalter. Die Verteilung der Rechte und Pflichten auf die Rechts- und Pflichtsubjekte im Inneren der juristischen Person ist Aufgabe der Organisation.

---

[16] *Mestmäcker,* Verwaltung, S. 326.

[17] Zum Begriff des Unternehmens als wirtschaftliche Einheit siehe unten S. 69 ff. Er ist insbesondere nicht identisch mit dem aktienrechtlichen Unternehmensbegriff, vgl. dazu unten Fn. 268. Das Aktiengesetz benutzt einen wirtschaftlichen Begriff jedoch in § 292 Abs. 1 Nr. 3.

[18] *Wolff* I S. 156 f.

[19] Vgl. *Luchterhandt,* Dt. Konzernrecht, S. 33 f.

[20] Bd. I, S. 98 ff. Diese Überlegungen *Wolffs* sind gleichermaßen gültig, wenn man ihm nicht darin folgt, die Körperschaft lediglich als rechtstechnisches Instrument zur Vereinfachung komplexer Rechtsbeziehungen aufzufassen, wenn man etwa mit *Rittner* (S. 220) die juristische Person stärker betont und die natürlichen Personen als Träger und Gestalter des in ihr verfaßten Zweckes sieht.

[21] *Wolff* I S. 117.

[22] *Wolff* I S. 130; *Rittner* S. 272.

Die Organisation weist den unterschiedlichen Gruppen von Subjekten unterschiedliche Stellungen zu. Nach der gesetzlichen Organisation der Aktiengesellschaft sind die primären Interessenträger allein die Aktionäre als Kapitalgeber. Dementsprechend stehen die Vermögensrechte im Vordergrund, die Sozialrechte sind den Vermögensrechten untergeordnet. Der Kreis der Mitglieder kann aber durchaus systemkonform, etwa im Zuge einer Mitbestimmungsregelung, auch weiter gezogen werden[23]. Auch ihre Eigenschaft als Kapitalgesellschaft steht nicht der Aufnahme von Mitgliedern entgegen, die nicht am Kapital beteiligt sind, sondern dem gemeinsamen Zweck in anderer Weise dienen. Dabei können auch die Sozialrechte in den Vordergrund treten. Die aktienrechtliche Organisation ist deshalb geeignet, die Keimzelle einer Unternehmensverfassung zu bilden.

Da die juristische Person den Mitgliedern ein Instrument der Haftungsbeschränkung ist und in aller Regel den Gläubigern nur mit ihrem Vermögen haftet[24], bezieht die Organisation der Kapitalgesellschaft als Gegenstück typischerweise sekundär auch Gläubigerinteressen in ihren Schutzbereich ein. Zu diesem Zweck begründet sie einzelne Rechte der Gläubiger (§§ 225 Abs. 1, 303, 309 Abs. 4 Satz 2, 321, 347, 374 AktG). Mittelbar dient diesem Ziel auch die Vermögensbindung, die das persönliche Vertrauen zwischen Gläubigern und Schuldnern ersetzt.

3. *Die Ersetzung der Willens- und Handlungsfähigkeit*

Um die juristische Person der natürlichen Person in ihrer Zuordnungsfunktion vergleichbar zu machen, schafft die Organisation Ersatz für die mangelnde Willens- und Handlungsfähigkeit, indem sie der juristischen Person fremde Willensbildung und fremdes Handeln als eigenes zurechnet. Das Erwerbsinteresse der juristischen Person wird unmittelbar nicht von den Mitgliedern selbst verfolgt, sondern von den entscheidenden und ausführenden Organen. Die Organwalter sind deshalb auch die alleinigen internen Adressaten der Pflichten, die an die juristische Person gerichtet sind[25]. Willensbildendes Organ im Rahmen ihrer Zuständigkeit ist auch das Organ der Hauptversammlung.

---

[23] Aus dieser Sicht der Interessenorganisation stellt sich die Frage der Mitbestimmung dahin, ob es gerechtfertigt ist, die Arbeitnehmerinteressen wie die der Gläubiger lediglich an die Interessen der Kapitaleigner — dem Erwerbsinteresse der Gesellschaft — zu knüpfen oder ob es nicht vielmehr der Stellung der Arbeitnehmer im Unternehmen besser entspricht, ihre Interessen in den Bereich des mitgliedschaftlichen Interessenausgleichs einzubeziehen und ihnen durch Beteiligung an der Willensbildung einen unmittelbaren Einfluß einzuräumen.

[24] Eine Ausnahme bilden die von der Rechtsprechung anerkannten Fälle des Durchgriffs. Vgl. *Sorgel / Schultze-v. Lasaulx* Vor § 21 Rdn. 36 ff.

[25] *Wolff* I S. 165 ff.

Diese Verteilung der Rechte und Pflichten im Innern der Aktiengesellschaft ermöglicht die Versachlichung der Mitgliedschaft.

C. Verfassungsrecht und Körperschaftsrecht

Die Verfassung umfaßt danach alle Rechtsbeziehungen, die die juristische Person individualisieren, sie als eine der natürlichen Person funktionell vergleichbare — als Zuordnungspunkt geeignete — willens- und handlungsfähige Einheit und als Verband von Interessenträgern organisieren.

Das körperschaftliche Verfassungsrecht ist zwar ein bedeutender, aber doch nur ein Teilbereich des Körperschaftsrechts. Der Begriff des Körperschaftsrechtes wird gelegentlich nur als Hinweis auf den Zusammenhang einer Regelung verstanden, wie dies auch für die Begriffe Schuldrecht, Sachenrecht, Familienrecht oder Erbrecht gilt. Für die Zwecke dieser Untersuchung ist nur ein Begriff des Körperschaftsrechtes sinnvoll, der an dessen Funktion ausgerichtet ist. Er kann negativ derart umschrieben werden, daß er keine Rechtsbeziehungen zwischen Außenstehenden und der juristischen Person als zu diesem Zweck geschaffenen Zuordnungsendpunkt umfaßt. Positiv umfaßt er alle Rechtsbeziehungen, die nicht einfach einen Interessengegensatz lösen, sondern die vielfältigen in der Körperschaft zusammengefaßten Interessen ausgleichen. Da die Mitglieder und Organwalter der Körperschaft zugleich als Dritte gegenüberstehen können und da die Beziehungen zwischen den Mitgliedern und der Körperschaft stark versachlicht sind, ist die Abgrenzung des Körperschaftsrechtes insbesondere vom Schuldrecht schwierig[26]. In diesem Bereich kommt es entscheidend darauf an, in welchem Maße eine Rechtsbeziehung mit typischen körperschaftlichen Rechtsbeziehungen, insbesondere dem Mitgliedschaftsrecht verknüpft ist, ob sie den Ausgleich der in der Körperschaft zusammentreffenden Interessen berührt, wie sehr sie speziell auf die Organisation zugeschnitten ist und wie sehr sie dadurch ein Vertrauen auf den organisatorischen Zusammenhang hervorruft. Einen Anhaltspunkt können deshalb auch die Umstände bilden, unter denen die Rechtsbeziehung begründet wurde. So ist ein Rechtsgeschäft, das der Vorstand aufgrund seiner allgemeinen Vertretungsmacht und Geschäftsführungsbefugnis abgeschlossen hat, in aller Regel nicht als körperschaftlich zu werten. Dabei bleibt grundsätzlich auch dem Parteiwillen ein zu gestaltender Raum[27].

---

[26] *Brecher*, Subjekt, S. 233 (234).

[27] So ist auch BGHZ 38, 155 (161) zu verstehen. Da es sich um die Abgrenzung zum Körperschaftsrecht handelt, ist dagegen auch bei der Berücksichtigung eines übereinstimmenden Parteiwillens, der keinen objektiven Ausdruck

Die derart durch die Funktion der Regelungen bestimmten Begriffe sagen andererseits über den besonderen Charakter der Regelungen wenig aus. Sie können schuldrechtlichen Leistungsbeziehungen ähnlich sein, aber auch verfügungs- und gestaltungsrechtlichen Charakter haben.

Die Abgrenzung hat Bedeutung für die Frage, ob eine Rechtsbeziehung dem die Mitgliedschaft prägenden Gleichbehandlungsgrundsatz[28] und dem Mehrheitsprinzip unterworfen ist. Von ihr hängt grundsätzlich die Kompetenzverteilung unter den Organen der Körperschaft ab, und sie kennzeichnet den Umfang des Personalstatuts bei internationalen Sachverhalten[29].

gefunden hat, Vorsicht geboten. Vgl. dazu unten S. 41. Ein weiteres Abgrenzungsbeispiel zeigt BGHZ 21, 370 (373).

[28] *G. Hueck*, Gleichmäßige Behandlung, S. 44 ff.

[29] *Koppensteiner* S. 136 ff.

§ 3. Die Rechtsnatur der Satzung und ihres Entstehungsaktes

A. Einleitung

Die verfassungsrechtlichen Regelungen sind grundsätzlich in der Satzung getroffen. Dieser Grundsatz ist bei der Aktiengesellschaft indes in das Gegenteil verkehrt, indem das Gesetz die Verfassung weitgehend zwingend ausgestaltet hat[30], um die Aktiengesellschaft zu einem vertrauenswerten Instrument des Wirtschaftslebens zu machen. Dennoch individualisiert erst die Satzung die Aktiengesellschaft und hebt damit die gesetzliche Regelung in eine Stufe konkreter Geltung.

I. Der Begriff der Satzung

Der Begriff der Satzung wird vom Gesetz u. a. in § 25 BGB, §§ 2, 23 und 179 AktG benutzt und ist seiner jeweils unterschiedlichen Funktion entsprechend verschieden ausgelegt worden.

Als Satzung wird in der Literatur einerseits die Summe jener rechtsgeschäftlich aufgestellten Regeln bezeichnet, welche in Ergänzung oder Abänderung des Gesetzes die körperschaftlichen Rechtsverhältnisse der Gesellschaft regeln (materieller Satzungsbegriff)[31]. Der Begriff deckt sich mit dem der Verfassung, ohne aber die gesetzlichen Verfassungsregeln zu umfassen, nicht aber mit dem im Aktiengesetz benutzten Begriff, da er dessen formale Elemente nicht berücksichtigt.

Andererseits werden unter dem Satzungsbegriff alle die Regelungen zusammengefaßt, die bei der ursprünglichen Feststellung oder später durch Änderung im vorgeschriebenen Verfahren in die Satzungsurkunde aufgenommen worden sind, ohne daß es darauf ankäme, ob die Regelung der Verfassung zuzurechnen ist (rein formaler Satzungsbegriff)[32].

Schließlich wird ein weiterer Satzungsbegriff durch zwei kumulative Voraussetzungen definiert. Zur Satzung werden danach diejenigen Bestimmungen gerechnet, die in der Satzungsurkunde niedergelegt sind

---

[30] *Georgakopoulos* (S. 70) sieht die Vorschriften aus der Sicht einer Satzung im materiellen Sinne als Inhaltsdiktierung.

[31] *Enneccerus / Nipperdey* § 108 II für die Vereinssatzung („Satzung im weiteren Sinne"); *Müller,* AG 1965, 133 (135); vgl. *Zöllner* in Kölner Komm. AktG § 179 Rdn. 3.

[32] *Kronstein,* abhängige juristische Person, S. 46.

und die entweder körperschaftsrechtliche Regelungen enthalten oder durch Gesetz der Satzung zur Regelung zugewiesen sind[33]. Für die Zwecke dieser Untersuchung ist der letzte Satzungsbegriff geeignet.

II. Die Funktion der Satzung

Der hier gewählte Satzungsbegriff umfaßt Bestimmungen verschiedener Funktionen. Die in der Satzung enthaltenen verfassungsrechtlichen Regelungen verfeinern die gesetzliche Organisation oder ändern sie ab (Organisationsfunktion). Einzelne Angaben, die kraft Gesetzes in die Satzung aufgenommen werden müssen, individualisieren die Aktiengesellschaft, wie z. B. Name und Sitz (Individualisierungsfunktion)[34]. Die Aufnahme vor allem der Angaben über den Gründungsaufwand (§ 26 Abs. 2 AktG) und der Sachübernahmen (§ 27 AktG), aber auch der beiden erstgenannten Gruppen von Bestimmungen in die Satzungsurkunde, dient der Publizität (Publizitätsfunktion). Schließlich sind Satzungsbestimmungen nur erschwert abänderbar (Schutzfunktion).

III. Die Grundlagen des Streits um die Rechtsnatur der Satzung

In dem Meinungsstreit um die Rechtsnatur der Satzung hat sich die Wissenschaft bemüht, die Satzungsregelung systematisch einzuordnen und daraus Rechtsfolgen herzuleiten. Die Kategorien werden mit einer Vielfalt von Begriffen bezeichnet; objektive Rechtsnorm[35], Rechtsnorm[36], rechtsgeschäftlich aufgestellte Norm[37], normative Regelung[38], Rechtsverhältnisse[39], subjektives Recht[40]. Die Diskussion leidet an drei Schwierigkeiten, erstens an dem Fehlen einer überzeugenden Lehre der Rechtsquellen und Rechtsverhältnisse[41], vor allem an der unbefriedigenden Gegensatzbildung zwischen Norm und Rechtsgeschäft[42], zweitens an der

---

[33] *Wiedemann* in Großkomm. AktG § 179 Anm. 2; *Zöllner,* Kölner Komm. AktG § 179 Rdn. 4; *Würdinger,* AktR, S. 33; vgl. auch *Baumbach / Hueck* § 179 Rdn. 2 f.

[34] Vgl. *Georgakopoulos* S. 72 ff.

[35] *Meyer-Landrut* in Großkomm. AktG § 2 Anm. 1; *Lehmann / Hübner* § 61 III 1 c.

[36] *Meyer-Cording,* Rechtsnormen, S. 83.

[37] *Würdinger,* AktR, S. 33.

[38] *Larenz,* AT, S. 118.

[39] *Enneccerus / Nipperdey* § 44 IV und § 108 II.

[40] Vgl. *Oertmann,* BGB, § 25 Bem. 4.

[41] Vgl. *Manigk,* Privatautonomie, S. 103; *Soergel / Schmidt,* Einl. Rdn. 10; ähnliche Einordnungsprobleme entstehen bei den Allgemeinen Geschäftsbedingungen, vgl. *Raiser,* AGB, S. 59 ff.

[42] Vgl. *Meyer-Cording,* Rechtsnormen, S. 46 sowie S. 29 und 97. Die Unklarheiten auch in den Begriffen werden besonders deutlich, wenn er zwar den Vertrag als Entstehungsgrund von Normen anerkennt, aber dennoch im Rechtsgeschäft den Gegensatz zur Rechtsnorm sieht (S. 28 f.). Siehe auch

dadurch bedingten mangelnden Differenzierung zwischen der Rechtsnatur des Entstehungsaktes der Satzung und der darin enthaltenen Regelungen und schließlich an dem Ziel aus der Rechtsnatur, Rechtsfolgen ableiten zu wollen.

Vor allem eine Abgrenzung von Norm und Rechtsverhältnis ist völlig unklar. Zwar hat Meyer-Cording in der Allgemeinheit einer Regelung ein bedeutendes Kriterium hervorgehoben[43]. Dies Kriterium allein führt allerdings zu einer wenig aussagekräftigen Kategorienbildung, wie die weitere Diskussion ergeben wird. Entscheidend ist ebenfalls, ob es sich um eine staatlich oktroyierte oder auf der Privatautonomie beruhenden Regelung handelt, sowie die mit dem Schaffensakt zusammenhängende Stärke des Einflusses, den der der Regelung Unterworfene auf dessen Inhalt hat. Insbesondere Manigk bemüht sich, den Begriff der Norm anhand einer Vielzahl von Kriterien einzuengen, kommt aber zu dem Ergebnis, daß die Norm sich nicht aufgrund eines Wesensunterschiedes von anderen Regelungen trennen lasse[44].

Eine rechtstheoretische Abgrenzung von Rechtsnorm und Rechtsverhältnis kann in der begrenzten Zielsetzung dieser Arbeit keine ausreichende Grundlage finden. Es sollen deshalb hier nur der Meinungsstreit um die Rechtsnatur der Satzung dargestellt, verschiedene Besonderheiten von Satzungsregelungen aufgezeigt und auf die ihnen angemessenen Rechtsfolgen hingewiesen werden, ohne den Umweg einer Abstraktion dazwischenzuschieben. Um die Besonderheiten und um die daraus zu ziehenden rechtlichen Folgen herrscht wenig Streit, er wird vielmehr um die Abgrenzung der Kategorien geführt.

B. Der Streit um den Geltungsgrund der Satzungsregelungen

Der Meinungsstreit um die Rechtsnatur der Satzung beruht zunächst auf den unterschiedlichen Ansichten über den Geltungsgrund[45] der darin enthaltenen Regelungen.

I. Die originäre Geltung

Die Vertreter einer älteren Normentheorie sehen den Geltungsgrund in der Autonomie des Vereins. Die Regelungen verdankten nicht dem Staat ihre Geltung, sondern beruhten auf der kundgemachten Über-

---

Bernhard *Rehfeld* (Einführung in die Rechtswissenschaft. Berlin 1973, S. 153), der zeigt, daß auch die Gesetzgebung als Vertrag gesehen werden kann.

[43] S. 25.

[44] Privatautonomie, S. 26, 60, 64.

[45] Der Begriff Geltungsgrund soll dabei nicht im engen Sinne *Kelsens* (Reine Rechtslehre, 2. Aufl., Wien 1960, S. 196 ff.) verstanden werden, sondern auch den auf Geltung gerichteten Willen einer Gemeinschaft umfassen.

zeugung der in der Körperschaft zusammengefaßten Gemeinschaft der Rechtsgenossen[46]. Diese Ansicht steht im engen Zusammenhang mit Otto v. Gierkes Auffassung von der juristischen Person als reale Verbandspersönlichkeit, die so wenig wie die Einzelperson eine Schöpfung des objektiven Rechts sei[47]. Diese ältere Normentheorie hat ebenso wie die Theorie von der realen Verbandspersönlichkeit kaum Anhänger gefunden. Sie geht an der Erkenntnis vorbei, daß das Wesen des Rechts in seiner Verwirklichung besteht, deren Voraussetzung die staatliche Macht ist[48]. Die rechtlichen Regelungen der Körperschaft bestehen deshalb nur innerhalb der Rechtsordnung des Staates als umfassend ausgestatteter Verband[49]. Nur so läßt sich auch erklären, daß der Staat gerade bei der Aktiengesellschaft die Verfassungsregelungen weitgehend zwingend festgelegt hat.

II. Die delegierte Autonomie

Weiter verbreitet ist eine neuere Normentheorie, deren Vertreter den Geltungsgrund der Satzung in einer Delegation zu eigener Rechtsetzung sehen, in einer Vereinsautonomie, die einen Gegensatz zur Privatautonomie darstelle[50]. Die Satzung sei Produkt integrierter Rechtsüberzeugung der Gruppe und von der Zustimmung neu eintretender Mitglieder unabhängig[51]. Damit seien die Satzungsregelungen objektive Rechtsnormen[52].

Die Vertreter dieser neueren Normentheorie sehen den Vorzug ihrer Auffassung darin, leichter erklären zu können, warum es für die Bindung an die Satzung beim Eintritt eines neuen Mitgliedes nicht auf dessen Willen zur Unterwerfung unter die Satzung und nicht einmal auf die Kenntnis der Satzung ankommt[53]. Außerdem seien die für die Sat-

---

[46] *v. Gierke*, DPrR I, S. 119 f.; vgl. auch *Oertmann* § 25 Bem. 4.

[47] *v. Gierke*, DPrR I, S. 471; siehe oben Fn. 1.

[48] *v. Ihering*, Rudolf: Geist des römischen Rechts auf den verschiedenen Stufen seiner Entwicklung. 3. Aufl., Bd. 3, Leipzig 1877, S. 318.

[49] *Manigk*, Privatautonomie, S. 84 f.; *Lukes* S. 16.

[50] *Soergel / Schultze-v. Lasaulx* § 25 Rdn 10; *Meyer-Cording*, Vereinsstrafe, S. 43 ff. *v. Thur* (Bd. I S. 503) hat darauf hingewiesen, daß Autonomie verschieden verstanden werden kann, als vom Staat unabhängige Quelle des Rechts und als quasigesetzgeberische Gewalt des Vereins seinen Mitgliedern gegenüber. Der Begriff *Meyer-Cordings*, als echte allerdings vom Staat abgeleitete Autonomie, geht aber noch darüber hinaus und gerät in die Nähe der Delegation.

[51] *Meyer-Cording*, NJW 1966, 225 (226).

[52] *Lehmann / Hübner* § 61 III 1 e i. V. m. § 3 II 3; *Meyer-Cording*, Vereinsstrafe, S 47; *Oertmann* § 25 Bem. 4; *Soergel / Schultze-v. Lasaulx* § 25 Rdn. 9 f.; *Wolff* I S. 165 f.

[53] Der BGH (Z 47, 172 (175)) verlangt aber, daß die Mitglieder sich diese Kenntnis verschaffen können.

zung anzuwendenden Auslegungsregeln, der Umfang der Revisibilität und das Wesen der Vereinsstrafe besser zu deuten[54].

Auch die Rechtsprechung hat gelegentlich Formulierungen benutzt, die als Ausdruck der Normentheorie verstanden werden können. So hebt der BGH im Zusammenhang mit der Strafgewalt des Vereins die selbständige Vereinsgewalt hervor, die autonom sei[55] und auf dem gesetzlich zugestandenen Recht der Selbstverwaltung beruhe[56]. Das Reichsgericht hat in zwei Entscheidungen die Anwendbarkeit des § 1027 ZPO auf eine in der Satzung enthaltene Schiedsklausel abgelehnt, da es sich nicht um eine vereinbarte Klausel handle; die Regelung beruhe auf einem Willensakt des Vereins als solchem und nicht auf einem Vertrag[57]. Auch das LG Bonn glaubt in einer neueren Entscheidung[58], die Unwirksamkeit des dinglichen Erfüllungsgeschäftes bei der Übertragung einer vinkulierten Aktie nur begründen zu können, wenn es der in der Satzung aufgenommenen Vinkulierung die rechtsgeschäftliche Natur abspricht und sie als autonome Bestimmung, aufgrund der delegierten Befugnis objektive Normen zu schaffen, begreift.

III. Die Privatautonomie als Geltungsgrund

Der Normentheorie steht die sogenannte Vertragstheorie gegenüber, die indes zutreffender als Theorie der Privatautonomie bezeichnet wird[59]. Bereits v. Tuhr hat dargelegt, daß der Geltungsgrund der in der Satzung enthaltenen Regelungen auch allein in einem Rechtsgeschäft, in dem Willen der ihnen „unterworfenen" Individuen gefunden werden kann. Auch durch Rechtsgeschäft könne sich ein Rechtssubjekt in weitgehendem Maße in die Abhängigkeit von dem Willen eines anderen (§§ 315—317 BGB) oder eines Mehrheitsbeschlusses begeben[60]. Die Geltung der Regelungen beruhe zwar auch auf der Billigung der übergeordneten Rechtsordnung[61], aber auch die rechtliche Geltung einer vertraglichen Regelung habe ihren Grund nicht allein in dem Willensakt der Vertragsschließenden, sondern auch in der Anerkennung durch die

---

54 *Soergel / Schultze-v. Lasaulx* § 25 Rdn. 10.

55 BGHZ 13, 5 (11). Wegen des undeutlichen Begriffes der Autonomie wird die Auffassung des BGH erst aus den folgenden Entscheidungen deutlich.

56 BGHZ 29, 352 (355); vgl. BGHZ 21, 370 (374 ff.); aber auch BGHZ 47, 172 (175).

57 RGZ 153, 267 (270); 165, 140 (143).

58 Aktiengesellschaft 1970, 18.

59 Der entscheidende Unterschied ist nicht der Entstehungs- sondern der Geltungsgrund. Auch Vertreter der neueren Normentheorie erkennen die Satzungsfeststellung als Vertrag an, vgl. *Soergel / Schultze-v. Lasaulx* § 25 Rdn. 9 f.

60 *v. Tuhr* I § 35 III; vgl. auch *Müller*, AG 1965, 133 (136).

61 *Wolff* I S. 166.

Rechtsordnung[62]. Ein Unterschied zwischen der so verstandenen Vereinsautonomie und der Privatautonomie bestehe deshalb nicht[63]. Diese Ansicht hat sich heute weitgehend durchgesetzt[64].

Schließlich läßt sich auch eine neuere BGH-Entscheidung nicht mehr für die Normentheorie in Anspruch nehmen. Danach sei die Verbindlichkeit einer belastenden Satzungsbestimmung nur zu rechtfertigen, wenn sich das Vereinsmitglied durch Einblick in die Satzung Kenntnis verschaffen konnte[65].

IV. Wertung

Der Normentheorie wurde zu Recht entgegengehalten, daß die Delegation für die Vereinssatzung nicht den die Satzung regelnden gesetzlichen Vorschriften entnommen werden könne (§§ 25, 40 BGB), da sie nicht den Anforderungen des Art. 80 Abs. 1 GG genüge, die als Ausdruck eines Rechtsprinzips auch von anderen Delegationen zu verlangen wären[66]. Die Verfassung des Vereins ist, wie sich aus § 9 Abs. 1 GG herleiten läßt, dem Privatrecht zuzuordnen. Eine Delegation im Sinne einer unmittelbaren Rückführung einer privatrechtlichen Regelung auf öffentliches Recht würde dagegen die Vereinsgewalt und insbesondere die Vereinsstrafgewalt zu Unrecht in die Nähe eines staatlichen Über- und Unterordnungsverhältnisses rücken[67] und den entscheidenden Unterschied zwischen oktroyierter und akzeptierter Regelung verwischen.

Die Überlegung soll hier nicht weiter fortgeführt werden, denn sie hat kaum praktische Bedeutung. V. Tuhr hält den Streit allein für die analoge Anwendbarkeit des § 343 BGB für entscheidend[68]. Die Abhängigkeit selbst dieser Frage von dem Theorienstreit verneint Schlosser[69] zu Recht, und für die auf die Satzung der Aktiengesellschaft gestützten Strafen kann die Frage nicht mit dem Hinweis auf die Normentheorie gegen den Wortlaut des § 55 AktG entschieden werden.

---

62 *Manigk*, Privatautonomie, S. 63; *Larenz*, AT, S. 36; *Flume*, AT, S. 2.

63 *Staudinger / Coing* Vor § 21 Rdn. 59 und § 25 Rdn. 6.

64 *Enneccerus / Nipperdey* § 108 II; *Staudinger / Coing* § 25 Rdn. 6; *Palandt / Danckelmann* § 25 Anm. 2; *Schlosser* S. 42; *Larenz*, AT, S. 6; *Bötticher*, ZfA 1970, 1 (44 f.).

65 BGHZ 47, 172 (175).

66 *Enneccerus / Nipperdey* § 108 II; *Biedenkopf* S. 132.

67 *Bötticher*, ZfA 1970, 1 (45); vgl. auch *Manigk*, Privatautonomie, S. 39.

68 Bd. 1 § 35 III.

69 S. 143.

C. Der Meinungsstreit um die Rechtsnatur der Satzungsfeststellung

I. Die Gesamtaktstheorie

Die Frage, ob der Gründungsakt einer Körperschaft ein Vertrag oder ein davon zu unterscheidender Gesamtakt, ob er überhaupt rechtsgeschäftlicher Natur ist, ist seit langem umstritten.

Er wurde im Anschluß an Kuntze als Gesamtakt bezeichnet[70]. Beim Vertrag und beim Gesamtakt wurde zwar die Vereinigung mehrerer Willen als gemeinsam angesehen, beim Vertrag ständen sie sich aber gegenüber, während sie beim Gesamtakt parallel liefen[71]. Das entscheidende Kriterium für die Abgrenzung des Gesamtaktes von dem Vertrag sieht Kuntze in der fehlenden Willensbindung beim Gesamtakt. Dagegen erkennt Haff auch beim Gesamtakt eine Willensbindung an[72]. Der Willensakt ziele beim Vertrag in der Regel auf den Kreis der Beteiligten, beim Gesamtakt reiche er dagegen stets und wesentlich darüber hinaus[73]. Der Gesamtakt erziele im Gegensatz zum Vertrag nicht nur Rechtswirkung, d. h. er beziehe sich nicht auf ein einfaches Rechtsverhältnis, sondern er schaffe eine Rechtssphäre[74].

Eine grundlegende Auseinandersetzung mit dem Begriff des Gesamtaktes hat indes nicht stattgefunden. Teilweise wurde der Begriffsbildung sogar jede Bedeutung abgesprochen[75]. Manigk, der die Erklärungen sowohl des Gesamtaktes als auch des Vertrages als korrelativ ansieht, bezeichnet deshalb auch den Vertrag als Gesamtakt[76].

v. Tuhr wendet sich gegen die Parallelität der Erklärungen, denn weder das Registergericht, noch der allgemeine Verkehr sei ein tauglicher Adressat[77]. Diese konstruktive Schwierigkeit können auch die Vertreter der Gesamtaktstheorie nicht leugnen. So will Haff als Empfänger der Gründungserklärungen die einzelnen Gründer ansehen, ohne aber die Vorstellung von der Parallelität aufzugeben[78]. Diese Vorstellung dürfte darauf beruhen, daß die Erklärungen und die zugrundeliegenden Interessen in ihrer Richtung gleichgesetzt werden. Für den Ver-

---

[70] *Kuntze* S. 43 ff.; ferner *Haff* S. 186; *v. Gierke*, DPrR I, S. 484 ff.; *Ruth*, ZHR 88, 454 (477 ff.).

[71] *Kuntze* S. 43, 55; *Haff* S. 186.

[72] *Kuntze* S. 45; *Haff* S. 186.

[73] *Kuntze*, S. 45.

[74] *Kuntze* S. 55.

[75] *Flume*, AT, S. 602 f.

[76] *Manigk*, Privatautonomie, S. 57 f.; ders., Das rechtswirksame Verhalten, S. 340 f.

[77] Bd. I § 34 I.

[78] S. 187, Fn. 1 und S. 186.

trag wird, seinem Grundtyp als schuldrechtlicher Vertrag entsprechend, ein Interessengegensatz als kennzeichnend angesehen[79]. In aller Regel werden aber auch die Gründer unterschiedliche Interessen haben, aus denen sie durch übereinstimmende Willenserklärungen ein gemeinsames Interesse festlegen müssen. Zudem prägt der Interessengegensatz nicht den Begriff des Vertrages, wie der dingliche Vertrag zeigt.

Der Unterschied in den Ansichten Kuntzes und Haffs über die Bindungswirkung beruht auf einer unterschiedlichen Weite des Begriffes. Kuntze faßt als Gesamtakte nicht nur die Gründungsakte von Körperschaften, sondern auch Fälle wie das gemeinsame Handeln von Gesamtprokuristen zusammen[80]. In den zuletzt genannten Fällen erwächst in der Tat aus dem gemeinsamen Handeln keine Bindung der Prokuristen. Die Gründer der Aktiengesellschaft sind dagegen verpflichtet, den ersten Aufsichtsrat und den ersten Abschlußprüfer zu bestellen (§ 30 Abs. 1 AktG) und die Gesellschaft anzumelden (§ 36 Abs. 1 AktG). Sie werden als Pflichten der Gründer untereinander gewertet[81].

Besondere Bedeutung gewinnt der Begriff des Gesamtaktes für Otto v. Gierke. Seiner Theorie von der juristischen Person als realer Verbandspersönlichkeit konsequent folgend, verneint er auch die rechtsgeschäftliche Natur des Gründungsaktes. Nicht Rechtsverhältnisse würden begründet, sondern ein Rechtsobjekt werde erzeugt[82]. Der Begriff des Gesamtaktes stellt für ihn anders als für Kuntze[83] nicht nur einen Gegensatz zum Vertrag, sondern zum Rechtsgeschäft überhaupt dar. Er kam seiner Vorstellung von der Verbandspersönlichkeit auch sprachlich besonders entgegen, sah doch v. Gierke die Wurzel der Satzung im Gemeinwillen der Mitglieder[84].

Die Rechtsprechung des Reichsgerichts ist von diesen Gedanken nicht unbeeinflußt geblieben und hat in einer Entscheidung einen Gegensatz zwischen einer körperschaftlichen Schöpfungshandlung und einem Vertrag gesehen und damit die Anwendbarkeit der §§ 145 ff. BGB abgelehnt[85].

---

[79] *Kuntze* S. 55.

[80] S. 53 f. Er unterscheidet einseitige und mehrseitige Gesamtakte und bezeichnet die Gründung der Aktiengesellschaft als einseitigen Gesamtakt.

[81] *Baumbach / Hueck* § 36 Rdn. 2; *Meyer-Landrut* in Großkomm. AktG § 2 Anm. 2; *Würdinger*, AktR, S. 90 f.; *Georgakopoulos* S. 97; *Haff* (S. 186 f.) nimmt dagegen eine rechtliche Bindung zwischen den Gründern einerseits und den mit der Ausarbeitung der Statuten und der Gründung speziell befaßten Personen an.

[82] DPrR I, S. 283 Fn. 2.

[83] S. 42.

[84] DPrR I, S. 119 ff.

[85] RGZ 147, 257 (262). *Müller-Erzbach* (Mitgliedschaft, S. 188) kritisiert die Entscheidung mit dem Hinweis, den Verfassern sei entgangen, daß die Un-

II. Die Vertragstheorie

Überwiegend wird der Gründungsakt einer Körperschaft heute als Vertrag qualifiziert[86]. Die Gründung beruhe auf der Einigung der Gründer untereinander[87]. Hinsichtlich der Adressaten der Erklärungen gehen die Ansichten jedoch auseinander. Als Adressat werden einerseits nur die Mitbegründer anerkannt, andererseits aber die Öffentlichkeit[88]. Einigkeit herrscht darüber, daß es sich weder um einen gegenseitigen Vertrag im Sinne des BGB[89] noch überhaupt um einen schuldrechtlichen handelt[90]. Als Inhalt des Vertrages werden in der Regel zwei Elemente hervorgehoben, die wechselseitigen Ansprüche die auf den Gründungsvorgang gerichtet sind und die Schaffung einer Organisation[91].

Für die Benennung dieses Typs eines Vertrages wurde eine Vielzahl von Begriffen geprägt: Organisationsvertrag[92], Konstitutivakt[93], körperschaftsrechtlicher Vertrag[94] und gesellschaftsrechtlicher Vertrag[95]. Die

---

haltbarkeit der Theorie bereits dargetan sei und daß sie den Blick von den aufschlußgebenden Zusammenhängen ablenke.

[86] *v. Tuhr* I § 34 I; *Enneccerus / Nipperdey* § 106 II; *Lehmann / Hübner* § 61 I 1 a; *Larenz,* AT, 117 f.; *Müller-Erzbach* S. 181; *Georgakopoulos* S. 100; *Soergel / Schultze-v. Lasaulx* Vor § 21 Rdn. 51; *Staudinger / Coing* § 21 Rdn. 23, § 25 Rdn. 8; *Würdinger,* AktR, S. 90; *Palandt / Danckelmann* § 25 Anm. 2 b; *Baumbach / Hueck* Vor 23 Rdn. 1; *Meyer-Landrut* in Großkomm. AktG § 2 Anm. 2; *Kraft* in Kölner Komm. § 2 Rdn. 7; *Geßler / Eckardt* § 2 Rdn. 6; *Müller,* AG 1965 133 (136). *Manigk* bezeichnet den Gründungsakt zwar als Gesamtakt, sieht darin aber keinen Gegensatz zum Vertrag (Das rechtswirksame Verhalten, S. 341; Privatautonomie, S. 58).

[87] *v. Tuhr* I § 34 I; *Lehmann / Hübner* § 61 II 1; *Würdinger,* AktR, S. 90; *Meyer-Landrut* in Großkomm. AktG § 2 Anm. 2.

[88] Die Mitgründer: *Manigk,* Das rechtswirksame Verhalten, S. 340; *Enneccerus / Nipperdey* § 106 II, Fn. 12; Öffentlichkeit: *Soergel / Schultze-v. Lasaulx* Vor § 21 Rdn. 51; *Lehmann / Hübner* § 61 II 1 a; RGZ 118, 269 (274).

[89] *Soergel / Schultze-v. Lasaulx* Vor § 21 Rdn. 51; *Meyer-Cording,* Vereinsstrafe, S. 34; *Würdinger,* GesR I, S. 42; *Baumbach / Hueck* Vor § 23 Rdn. 1; *Meyer-Landrut* in Großkomm. AktG § 2 Anm. 2; *Geßler / Eckardt* § 2 Rdn. 6; RGZ 118, 269 (274); 79, 174 (177) unter Aufgabe der gegenteiligen Ansicht in RGZ 2, 264.

[90] *Kraft* in Kölner Komm. AktG § 2 Rdn. 7; *Würdinger,* AktG, S. 90.

[91] *Lehmann / Hübner* § 61 II 1 a; *Soergel / Schultze-v. Lasaulx* Vor § 21 Rdn. 51. *Würdinger* (AktR, S. 90 f.) bezeichnete die wechselseitigen Ansprüche als schuldrechtliche.

[92] Der Begriff wurde von *Würdinger* (GesR I S. 42) geprägt und hat sich stark durchgesetzt. *Lehmann / Hübner* (§ 25 I 2 d, § 61 II 1 a) sehen den Gründungsakt als Verbindung aus Organisationsvertrag und einseitiger an die Öffentlichkeit gerichteter Erklärungen über die Schaffung einer Körperschaft. *Meyer-Landrut* in Großkomm. AktG § 2 Anm. 2; *Raiser,* Vertragsfunktion, S. 109.

[93] *Larenz,* AT, § 10 I 1, S. 117. Der Begriff ist jedoch von *v. Gierke* geprägt worden, um damit einen Akt zu kennzeichnen, der nicht unter den Begriff des Rechtsgeschäftes fällt (DPrR I S. 486).

[94] *Kraft* in Kölner Komm. AktG § 2 Rdn. 7.

[95] *Geßler / Eckardt* § 2 Rdn. 6. § 2 AktG spricht von Gesellschaftsvertrag.

Begriffe haben nicht nur unterschiedliche Aussagekraft, sondern unterscheiden sich auch im Umfang[96].

III. Stellungnahme

Der Theorie vom Gesamtakt gebührt zweifellos das Verdienst, auf die Besonderheiten des körperschaftlichen Gründungsaktes aufmerksam gemacht zu haben. Er setzt sich aus drei Elementen zusammen, die unlösbar miteinander verbunden sind: dem Schaffen einer Organisation, dem Beitritt der ersten Mitglieder und der Begründung der Rechtsbeziehungen unter den Gründern. Die letzteren vernachlässigt jedoch die Theorie vom Gesamtakt. Zudem ist sie nie zu einem einheitlichen Gedankengebäude entwickelt worden. Während von Gierke in ihrem Rahmen die rechtsgeschäftliche Qualität des Konstitutivsaktes ablehnt, sahen andere Vertreter der Lehre auch in dem Gesamtakt ein Rechtsgeschäft. Schließlich blieb auch der Versuch Ruths, im Gesamtakt die Kategorie körperschaftlicher Rechtsgeschäfte zu entwickeln, fruchtlos[97].

D. Charakteristika der in der Satzung enthaltenen Regelungen

I. Der Inhalt verfassungsrechtlicher Rechtsbeziehungen

Verfassungsrechtliche Bestimmungen, der organisatorische Kern der Satzung, können vielgestaltigen Inhalt haben. Sie können Leistungsansprüche gewähren selbst mit synallagmatischem Zusammenhang, wie z. B. die Nebenleistungspflicht und das dafür zu zahlende Entgelt[98], die den schuldrechtlichen Beziehungen vergleichbar sind. Sie können Rechte und Pflichten begründen, aber auch Verfügungscharakter haben. Schließlich ist für die Sozialrechte der Gestaltungscharakter kennzeichnend[99].

II. Die Tatbestandsbedingtheit

Die Eigenart verfassungsrechtlicher Regelungen wird durch ihre allgemeine, abstrakte oder tatbestandsbedingte Fassung geprägt[100].

---

[96] Als Organisationsvertrag qualifiziert *Würdinger* sowohl die Gründungsverträge von Personalgesellschaften als auch von Körperschaften und Beherrschungs- und Verschmelzungsverträge. Allein der organisatorische Zweck prägt die Verträge aber nicht derart, daß es sinnvoll erscheint, sie unter einem Begriff zusammenzufassen. Er würde die erheblichen Unterschiede nur verschleiern (vgl. unten S. 80 f.). Der Begriff des körperschaftsrechtlichen Vertrages ist insofern enger, umfaßt aber andererseits auch Verträge wie den Beitritt, die die Organisation unberührt lassen. Der Begriff des gesellschaftsrechtlichen Vertrages ist zu weit und umfaßt Rechtsgeschäfte so unterschiedlicher Art wie die Gründung einer Personalgesellschaft und den Beitritt zu einer Körperschaft die wenig Gemeinsames aufweisen.

[97] Vgl. unten Fn. 158 und Fn. 219.

[98] Vgl. *Lutter* in Kölner Komm. AktG § 55 Rdn. 10.

[99] Vgl. *Bartholomeyczik*, ZHR 105, 293 (334).

Typische Regelungen in Schuldverhältnissen erlangen unmittelbare Geltung mit dem Entstehen des Rechtsverhältnisses. Das gilt jedenfalls für den Kern eines Schuldverhältnisses. Begleitende Regelungen sind dagegen vielfach nur latent vorhanden und konkretisieren sich erst durch die Verwirklichung eines Tatbestandes. Beispielsweise wird eine Vertragsstrafe nur für den Fall eines bestimmten Tuns oder Unterlassens vereinbart. Schiedsklauseln, Gerichtsstandsvereinbarungen, Einwilligungen in die unmittelbare Vollstreckung oder vom Gesetz abweichende Regelungen für den Fall der Nichterfüllung sind ebenfalls tatbestandsbedingt, und zwar entweder wie das typische Gesetz derart, daß sie wiederholter Anwendung fähig sind (Gerichtsstandsvereinbarung, Schiedsklausel, Vertragsstrafe) oder aber derart, daß der Tatbestand zwar nicht notwendig erfüllt wird, aber wenn, dann nur einmal eintreten kann (Vollstreckung und Vorsorge für den Fall der Nichterfüllung). Tatbestandsbedingte schuldvertragliche Regelungen sind im Gegensatz zu verfassungsrechtlichen zumeist nur vorsorglicher Natur, deren Tatbestandsverwirklichung — durch den engen Anwendungsbereich bedingt — weniger erwartet wird als die der Gesetze und Satzungsvorschriften[101].

Indes können auch die zentralen Pflichten eines Schuldverhältnisses tatbestandsbedingt sein, nicht nur wenn eine Bedingung vereinbart wurde, sondern typischerweise bei Dauerschuldverhältnissen z. B. die Bierlieferung auf Abruf. Derartige Bestimmungen unterscheiden sich hinsichtlich der Abstraktheit von typischen Gesetzen nicht.

Die Beispiele zeigen, daß die Abstraktheit als Unterscheidungsmerkmal für objektive Rechtsnorm und Rechtsverhältnis nicht brauchbar ist[102]. Dennoch läßt sich feststellen, daß die organisatorischen Bestimmungen der Satzung den gesetzlichen Rechtsnormen wesensverwandter sind[103].

III. Die Bestimmung der Regelung für Dauer

Verfassungsrechtliche Regelungen sind typischerweise auf Dauer und nicht auf Abwicklung angelegt[104]. Darin kann indes auch kein sinnvolles Kriterium für eine Abgrenzung von Rechtsnorm und Vertrag gefunden werden, denn typische Schuldverhältnisse, z. B. Pachtverträge wirken oft über einen weit längeren Zeitraum als viele Körperschaften.

---

[100] *Würdinger*, AktR, S. 33 f.; *Georgakopoulos* S. 74; *Meyer-Cording*, Rechtsnormen, S. 25; *Müller*, AG 1965, 133 (136).

[101] Vgl. *Larenz*, AT, S. 441.

[102] *Manigk*, Privatautonomie, S. 31.

[103] *Georgakopoulos* S. 74.

[104] Vgl. *Meyer-Cording*, Rechtsnormen, S. 25, der darin ebenso das entscheidende Kriterium der Rechtsnorm sieht; *Müller-Erzbach*, Mitgliedschaft, S. 189.

Dennoch muß der Anlage auf Dauer bei der Beurteilung körperschaftsrechtlicher Streitfragen Gewicht beigemessen werden, ebenso wie Dauerschuldverhältnisse besonderen Regeln unterworfen sind. „Je länger der Vertrag läuft, je mehr sich aus ihm rechtliche und wirtschaftliche Folgen ergeben, je mehr er vor allem abgewickelt ist, um so mehr erhebt er sich zu einem Eigenwert, dem die Vertragsteile unterworfen sind, zur lex privata ... Je mehr der Vertrag verwirklicht ist, um so mehr ist seine Aufrechterhaltung das Ziel[105]."

IV. Die Zahl der Beteiligten

Verfassungsrechtlichen Regelungen sind typischerweise eine größere Zahl von Individuen unterworfen als schuldrechtlichen. Die Verfassung kann sich jedoch auch ausnahmsweise allein an das einzige Mitglied richten, das zugleich Organ der Körperschaft ist, während andererseits die schuldrechtlichen organisierten Personalgesellschaften aus vielen Personen bestehen können. Zwar eignet sich dieses Kriterium auch nicht zur Abgrenzung, doch liegt darin eine beachtliche Besonderheit, denn mit der wachsenden Zahl der von der Regelung berührten muß die Bedeutung der subjektiven Momente und objektiven Mängel beim Schaffen dieser Regelung zurücktreten.

V. Die Generalität der Regelungen

Das Schuldverhältnis als Paradigma eines Rechtsverhältnisses ist dadurch gekennzeichnet, daß der Adressat der Regelungen individualisiert ist[106], auch wenn ihre Geltung noch tatbestandsbedingt ist. Beim materiellen Gesetz sind die Adressaten dagegen zum Zeitpunkt des Erlasses individuell nicht bestimmbar[107].

Sieht man einstweilen davon ab, daß die Verfassung auf den Beitritt neuer Mitglieder angelegt ist, so sind die darin enthaltenen Bestimmungen in der Regel nur in dem Sinne generell, daß sie sich an alle Mitglieder der Körperschaft wenden; die Adressaten sind durch ihre Mitgliedschaft individualisiert[108]. Andererseits können in der Satzung auch Regelungen enthalten sein, deren Adressaten über ihre Mitgliedseigenschaft hinaus enger bestimmt sind. Das Vereinsrecht kennt auf individuelle Personen bezogene Sonderrechte in § 35 BGB. Sie stehen kraft gesetzlicher Ausgestaltung in einem inneren Zusammenhang mit der Mitgliedschaft und sind deshalb als organisatorische Regelungen

[105] *Soergel / Lange* Vor § 145 Rdn. 11.

[106] *Larenz,* AT, S. 152; vgl. auch *Enneccerus / Nipperdey* § 71 I.

[107] Gerade dieses Kriterium hat Dieter *Volkmar* (Allgemeiner Rechtssatz und Einzelakt. Berlin 1962, S. 258) als ein wesentliches Kriterium zur Abgrenzung des allgemeinen Rechtssatzes vom Verwaltungsakt herausgearbeitet.

[108] Entsprechendes gilt für Organwalter.

dem Verfassungsrecht zuzurechnen. Auch das Aktienrecht läßt Sonderrechte zu, die verfassungsrechtlich ausgestaltet sein können, so daß sie mit der Mitgliedschaft übergehen, aber auch dem Mitglied nur persönlich zustehen können (§§ 12 Abs. 2, 101 Abs. 2 AktG)[109]. Auch individuelle Rechtsbeziehungen mit Nichtmitgliedern sind im verfassungsrechtlichen Bereich denkbar. Dazu gehört z. B. das Recht eines Außenstehenden, ein Organ zu bestellen, ein Recht von verfassungsrechtlicher Natur, da es in die Organisation der Körperschaft eingreift[110].

Besonderheiten weisen die Rechtsverhältnisse zwischen der Aktiengesellschaft beziehungsweise der Vor-AG und den Gründern auf. Gründer sind Aktionäre, die die Satzung festgestellt haben (§ 28 AktG). Damit ist die Gründereigenschaft an die individuelle Person geknüpft und nicht wie das Mitgliedschaftsrecht übertragbar (§ 41 Abs. 4 AktG). Das Gesetz unterscheidet in § 23 AktG zwischen der Aktienübernahme (Abs. 2) und der Satzung im engeren Sinn (Abs. 3 und 4). Dabei werden von der Satzung im engeren Sinne die grundsätzlich generellen Vorschriften von organisatorischer und fortdauernder Bedeutung umfaßt. Die Aktienübernahme ist als individuelle Rechtsbeziehung auf die Begründung der Mitgliedschaft gerichtet und weitgehend auf Abwicklung angelegt. Die Aktienübernahme ist zwar nicht Bestandteil der Satzung im engeren Sinne, als Begründung einer in den verbandsinternen Interessenausgleich einbezogenen Rechtsbeziehung aber körperschaftsrechtlicher Natur.

Diesen Regelungen im Hinblick auf die Abwicklung und die Individualität verwandt sind die Satzungsbestimmungen über den für die Gründung gewährten Aufwand, über Sacheinlagen und über Sondervorteile.

Die Festsetzung des Gründungsaufwandes und der Sondervorteile werden von der heute herrschenden Auffassung als Gläubigerrechte und nicht als körperschaftliche Rechtsbeziehungen angesehen[111].

---

[109] Zum Meinungsstreit um den Begriff des Sonderrechtes und der nunmehr herrschenden Auffassung in dem hier genannten engeren Sinne vgl. *Meyer-Landrut* in Großkomm. AktG § 1 Anm. 35; *Soergel / Schultze-v. Lasaulx* § 35 Rdn. 4; *Baumbach / Hueck* Vor § 54 Rdn. 5; *Lutter* in Kölner Komm. AktG § 54 Rdn. 13.

[110] Die Zulässigkeit solcher Regelungen nach geltendem Recht ist jedoch umstritten, vgl. *Soergel / Schultze-v. Lasaulx* § 27 Rdn. 12.

[111] Daß die Gewährung eines Gründungsaufwandes kein körperschaftliches Recht ist, zeigt bereits die Tatsache, daß die Gründungsentschädigung oder Belohnung auch Nichtmitgliedern gewährt werden kann; vgl. *Baumbach / Hueck* § 26 Rdn. 7; *Kraft* in Kölner Komm. AktG § 26 Rdn. 5; *Barz* in Großkomm. AktG § 26 Anm. 9. Der Sondervorteil ist zwar mit der Mitgliedschaft derart verknüpft, daß es einem Nichtmitglied nicht gewährt werden kann, wird aber nicht mit der Mitgliedschaft übertragen; vgl. *Baumbach / Hueck* § 26 Rdn. 4; *Kraft* in Kölner Komm. AktG § 26 Rdn. 5; *Barz* in Großkomm. AktG § 26 Anm. 3.

Ob die Sacheinlagenvereinbarung Teil der verfassungsrechtlichen Regelung ist, wird in der Literatur unterschiedlich beantwortet. Einerseits wird ihr als Abrede über die Entstehung der Mitgliedschaft körperschaftliche Rechtsnatur zugesprochen[112]. Andererseits wird sie als Gläubigerrecht qualifiziert, das deshalb auch keiner einseitigen Abänderung durch Beschlüsse der Hauptversammlung unterliege[113]. Einen dritten Weg beschreitet Kraft[114]. Nicht die Sacheinlagenabrede begründe die Mitgliedschaft, sondern die Aktienübernahmevereinbarung. Die Sacheinlagenvereinbarung besage nur, daß an Stelle des Ausgabebetrages der vereinbarte Gegenstand zu leisten ist. Konsequenterweise räumt er der Unwirksamkeit der Sacheinlagenvereinbarung auf die Aktienübernahmeerklärung keinen Einfluß ein. Der Aktionär bleibe zur Barleistung in der vorgesehenen Höhe verpflichtet. Auch die Vertreter der verfassungsrechtlichen Auffassung befürworten zumeist die Pflicht zur Bareinlage, falls die Einbringung der Sacheinlage nicht möglich ist[115]. Auch darüber hinaus hat der unterschiedliche dogmatische Ansatzpunkt keinen Einfluß auf die Lösung von Einzelfragen, die von allen Ansichten in Anlehnung an die Vorschriften des Kaufvertrages gefunden werden[116]. Kraft ist zwar in der Lage, die Pflicht zur ersatzweisen Leistung der Bareinlage dogmatisch konsequent zu begründen. Dennoch wird in aller Regel einer Sacheinlagenvereinbarung entscheidende Bedeutung für das in der neu geformten Körperschaft zusammengefaßte Erwerbsinteresse und deshalb körperschaftsrechtliche Natur zugesprochen werden müssen. Z. B. werden Mitgründer oder Kreditgeber ihrer Entscheidung vielfach nicht das Vertrauen in die Kapitalkraft der Aktiengesellschaft, sondern in den wirtschaftlichen Erfolg der einzubringenden Sachen zugrundelegen. Die Veröffentlichung in der Satzung hat das Vertrauen gefördert, und die Pflicht zur Veröffentlichung läßt zumindest vermuten, daß der Gesetzgeber die Rechtsbeziehung in den Kreis körperschaftlichen Interessenausgleichs einbeziehen wollte.

Zusammenfassend können in der Satzung drei Gruppen von Vorschriften unterschieden werden: die generellen verfassungsrechtlichen Bestimmungen, die den Kern der Satzung bilden, und die individuellen aber verfassungsrechtlichen oder körperschaftsrechtlichen Bestimmun-

---

[112] *Baumbach / Hueck* § 27 Rdn. 5; *Barz* in Großkomm. AktG § 27 Anm. 3; BGHZ 45, 338 (339, 345).

[113] *Würdinger*, AktR, S. 36, vgl. S. 33.

[114] In Kölner Komm. AktG § 27 Rdn. 5 ff., 57.

[115] *Baumbach / Hueck* § 27 Rdn. 7; *Barz* in Großkomm. AktG § 27 Anm. 16, 17; BGHZ 45, 338 (345); a. A. RGZ 68, 275 (276) und weitere bei *Barz* zitierte Literatur.

[116] Vgl. *Baumbach / Hueck* § 27 Rdn. 7; *Barz* in Großkomm. AktG § 27 Anm. 16 ff.; *Kraft* in Kölner Komm. AktG § 27 Rdn. 57 ff.

gen; daneben können in der Satzung außerkörperschaftsrechtliche Individualbestimmungen enthalten sein[117].

VI. Der Wirkungsbereich körperschaftsrechtlicher Regelungen

Satzungsregelungen sind als Produkte privatautonomer Gestaltung im Gegensatz zu objektiven Rechtssätzen nicht allgemeinverbindlich. Dennoch zielen sie auf Rechtswirkungen außerhalb des Kreises der an ihrer Enstehung Beteiligten hinaus[118].

1. Die Beziehungen der Körperschaft zu den Gläubigern

Zunächst ist dem Körperschaftsrecht die Wirkung auf den Rechtskreis der Gläubiger eigentümlich. Als Gegenstück zu der durch das Instrument der juristischen Person bewirkten Haftungsbeschränkung ihrer Mitglieder ist der körperschaftlichen Organisation auch eine Gläubigerschutzfunktion übertragen worden. Indem die Verfassung die Gläubigerinteressen ausdrücklich anerkennt (vgl. etwa § 233 Abs. 2 und 3 AktG), schafft sie durch ihre Vermögens- und Verwaltungsorganisation einen Vertrauenstatbestand, der alle gläubigerrelevanten körperschaftlichen Rechtsbeziehungen umfaßt, auch die individuellen, wie z. B. Aktienzeichnung und Sacheinlagenvereinbarung. Die gläubigerschützende Wirkung ist in dem körperschaftlichen Erwerbsinteresse eng mit anderen Schutzfunktionen, z. B. dem Minderheitenschutz, verknüpft, dennoch aber kein bloßer Rechtsreflex, sondern Zweck der körperschaftlichen Organisation. Soweit dem Gläubiger unmittelbare Rechte eingeräumt sind[119], läßt sich eine Parallele mit dem Vertrag zugunsten Dritter ziehen.

2. Der Mitgliederwechsel

Die Körperschaft ist dazu bestimmt, daß neue Mitglieder beitreten. Damit weitet sich der Kreis der Adressaten verfassungsrechtlicher Regelungen aus. Auch ihnen gegenüber gilt die Verfassung nicht aufgrund allgemeiner Verbindlichkeit[120], sondern aufgrund des Willensaktes des Beitritts, der final auf den Erwerb der Mitgliedschaft gerichtet ist und damit auch auf die Geltung der Satzung, nicht aber auf deren einzelne Modalitäten[121].

Beim schuldrechtlichen Vertrag haben die Adressaten die — sei es auch abstrakten — Regelungen inhaltlich mitbestimmt. Die einer Kör-

---

[117] Beispiele in BGHZ 18, 205 ff.; 21, 370 (373).

[118] *Kuntze* S. 45.

[119] Vgl. oben S. 19.

[120] *Manigk*, Privatautonomie, S. 64, 92, 102; vgl. auch *Georgakopoulos* S. 94.

[121] Siehe näher unten S. 46 f.

perschaft Beitretenden können aber grundsätzlich die Verfassung inhaltlich nicht beeinflussen[122]. Dies ist nicht Ausdruck des Mehrheitsprinzips; die Situation ist dem Abschluß eines Schuldvertrages unter allgemeinen Geschäftsbedingungen vergleichbar. Die Satzung hat wie die allgemeinen Geschäftsbedingungen einen willensmotivierenden Einfluß auf die Gestaltung der Rechtbeziehungen. Lukes weist darauf hin, daß die Verfasser einer bereitliegenden Regelung damit eine objektive Wirkung über ihren Kreis hinaus erreichen[123]. Bei der Aktiengesellschaft wird die Wirkung durch die leichte Umlauffähigkeit der Mitgliedschaft noch verstärkt. Der Erwerber einer Aktie hat in der Regel noch weniger Gelegenheit, die Satzung zu studieren, als der Vertragspartner, der allgemeine Geschäftsbedingungen akzeptiert.

VII. Die aus diesen Besonderheiten zu ziehenden allgemeinen rechtlichen Konsequenzen

Tatbestandsbedingtheit und Anlage auf Dauer allein rechtfertigen keine wesentlich unterschiedliche Behandlung von schuldvertraglichen und verfassungsrechtlichen Rechtsbeziehungen. Wegen der großen Zahl der von der Regelung Berührten bedingt der Gleichbehandlungsgrundsatz, der die Rechtsstellung der Mitglieder beherrscht[124], daß die Bedeutung subjektiver Momente zurücktritt. Verfassungsregelungen müssen in ihrem Fortbestand von den Personen der Gründer und dem Entstehungsakt stärker gelöst gesehen werden, als typische schuldrechtliche Regelungen vom Vertragsschluß[125]. Im Licht der weit über den Kreis der Gründer hinausreichenden Bedeutung der Verfassungsregelungen verlieren deren Interessen in Bezug auf Bestand und Inhalt an Gewicht. Zudem büßen die Gründer durch den Eintritt weiterer Mitglieder den alleinigen Einfluß auf die Verfassung ein und behalten ihn nur im Rahmen der Mehrheitsentscheidung. Auch die von der Verfassung bezweckte Wahrung der Interessen der Gläubiger, die aber von der inhaltlichen Gestaltung der Regelung ausgeschlossen sind, fordert diese Loslösung.

E. Die aus der Rechtsnatur abgeleiteten konkreten Rechtsfolgen

Für eine Reihe von Streitfragen wird gelegentlich eine Lösung von der Rechtsnatur körperschaftlicher Rechtsakte erwartet. Das gilt auch für die Satzungsfeststellung. Vor allem die Theorie des Gesamtaktes versuchte die körperschaftliche Rechtsgeschäftslehre von der des Bür-

---

122 Insoweit bezeichnet *Meyer / Cording* (Rechtsnormen S. 74 ff.) die Regelungen treffend als akzeptierte Norm.

123 S. 9.

124 *G. Hueck*, gleichmäßige Behandlung, S. 44 ff.

125 Vgl. BGHZ 47, 172 (179).

gerlichen Gesetzbuches zu lösen. Dennoch wurden die Rechtsfolgen immer aus dem Vergleich mit den bürgerlich-rechtlichen Vorschriften gesucht; eine Abstraktion aus den Problemlösungen bei anderen körperschaftlichen Rechtsakten oder auch nur ein Vergleich wurden nicht vorgenommen. Einzelne Streitfragen sollen hier die Brücke zwischen theoretischem Gedankengebäude und praktischer Wirklichkeit schlagen, denn „nur ein aus der Anschauung der konkreten Wirklichkeit selbst gewonnenes System ist fruchtbar und schützt vor Begriffsjurisprudenz“[126], einer Gefahr, die sich insbesondere in der dogmatischen Diskussion im Körperschaftsrecht immer wieder verwirklichen konnte.

I. Mängel der Willenserklärungen

Die früher herrschende Lehre ließ die Anfechtung der Gründererklärungen beim Idealverein nach den allgemeinen Vorschriften über Rechtsgeschäfte im Bürgerlichen Gesetzbuch zu[127]. Für den Bestand des Vereins sei die Anfechtung lediglich solange ohne Bedeutung, als die Erklärungen der erforderlichen Mindestzahl von Gründern wirksam blieben.

Eine Gegenansicht schloß auch beim Idealverein die Geltendmachung von Nichtigkeits- und Anfechtungsgründen aus[128]. Vor allem Vertreter der Gesamtaktstheorie begründeten dieses Ergebnis mit dem Hinweis auf die Rechtsnatur. Die Einzelerklärung wurde vom Gesamtwillen absorbiert[129].

Eine vermittelnde Ansicht läßt die Anfechtung zwar zu, schließt aber die Rückwirkung aus. Die Anfechtung hat dann die Wirkung eines Austritts und berührt die Existenz des in Tätigkeit getretenen Vereins nicht[130]. Diese Ansicht korrespondiert mit der zur Personalgesellschaft entwickelten Lehre von der fehlerhaften Gesellschaft[131]. Sie beruht auf dem Gedanken, daß einerseits eine rückwirkende Beseitigung der Gründererklärungen den Bestand des Vereins gefährde; außenstehende Dritte

---

[126] *Manigk*, Das rechtswirksame Verhalten, S. 9.

[127] *Enneccerus / Nipperdey*, AT, 14. Aufl., Tübingen 1952, § 106 II; *Oertmann* Vorbemerkungen 5, S. 86.

[128] *Flume*, AT, S. 427; *v. Gierke*, Justus: Handelsrecht und Schiffahrtsrecht. 5. Aufl., Berlin 1938, 1941, Bd. II § 47 I 1 c.

[129] *Ruth*, ZHR 88, 454 (524).

[130] *Enneccerus / Nipperdey* § 106 II; *Lehmann / Hübner* § 61 II 1 b, *Soergel / Schultze-v. Lasaulx* Vor § 21 Rdn. 53; *Staudinger / Coing* § 21 Rdn. 25; *Ermann / Westermann* § 38 Bem. 3; *Müller-Erzbach* S. 107.

[131] Vgl. insbesondere RGZ 165, 193 (201 f.); BGHZ 3, 285 (287 ff.); 8, 157 (167 f.); 11, 190 ff.; 55, 5 (8 ff.); *Siebert*, Wolfgang: Die „faktische“ Gesellschaft in: Festschrift für Hedemann, Jena 1938, S. 266 f.; *A. Hueck*, oHG, S. 72 ff.; *Enneccerus / Nipperdey* § 169 III 1; *Soergel / Schultze-v. Lasaulx* § 705 Rdn. 80 ff.; über die Grenzen der Lehre vgl. BGHZ 55, 5 (9 f.); 62, 234 (241), (zwingendes Recht); BGHZ 17, 160 (160 ff.), (Minderjährigenschutz).

müßten aber auf den Fortbestand der ins Leben getretenen Körperschaft vertrauen können. Die Rückabwicklung der vielfältigen Rechtsbeziehungen würde zudem zu unlösbaren Schwierigkeiten führen. Andererseits sei es aber nicht erforderlich, die Geltendmachung der Nichtigkeit und Anfechtbarkeit völlig auszuschließen, insbesondere stehe dem Wegfall von Mitgliedern beim Idealverein nicht der Gesichtspunkt des Gläubigerschutzes entgegen[132].

Bei den wirtschaftlichen Korporationen besteht dagegen Einigkeit, daß nach der Eintragung, bzw. dem Auftreten im Rechtsverkehr der Gründungsakt und der Bestand der Verfassung nicht von Mängeln berührt werden, die die Gründungserklärungen anfechtbar oder nichtig machen[133]. Für die Aktiengesellschaften enthalten die §§ 275 ff. AktG eine entsprechende Sonderregelung[134]. Das Ergebnis wird dogmatisch mit der Loslösung der Verfassung von den zugrundeliegenden rechtsgeschäftlichen Erklärungen der Gründer und mit der Öffentlichkeitsrichtung der Erklärungen begründet. Materiell steht der grundsätzliche Vorrang des Verkehrsinteresses gegenüber dem Individualinteresse im Vordergrund[135]. In der Tat wiegt das Interesse der einzelnen Gründer am Bestand der Körperschaft und an der Gültigkeit der generellen Satzungsbestimmungen geringer als die vielfältigen Interessen am Bestand der ins wirtschaftliche Leben getretenen Körperschaft.

Bei den individuellen körperschaftsrechtlichen Bindungen, wie z. B. dem Beitritt durch Aktienübernahme, ist das Individualinteresse weitaus beachtlicher, dennoch wird eine Anfechtung oder Nichtigkeit nach der Eintragung nicht anerkannt, auch nicht mit ex-nunc Wirkung, da das Interesse des Verkehrs vor allem an der Aufbringung und Erhaltung des Grundkapitals für vorrangig erachtet wird[136]. Auch hier setzt sich der Gesichtspunkt des Vertrauensschutzes durch.

---

[132] *v. Tuhr* I § 34 I; *Enneccerus / Nipperdey* § 106 II; *Soergel / Schultze-v. Lasaulx* Vor § 21 Rdn. 52, § 25 Rdn. 12.

[133] *v. Tuhr* I § 34 I; *Soergel / Schultze-v. Lasaulx* § 25 Rdn. 12, Vor § 21 Rdn. 52; *Staudinger / Coing* Vor § 116 Rdn. 24; *Baumbach / Hueck* Vor § 23 Rdn. 3; *Meyer-Landrut* in Großkomm. AktG § 2 Anm. 4; *Kraft* in Kölner Komm. AktG § 2 Rdn. 12; für die GmbH: BGHZ 21, 378 (382) (Scheingeschäft); RGZ 68, 309 (310 f.); vgl. zur Beitrittserklärung unter dem Gesichtspunkt der Erhaltung der Kapitalgrundlage unten Fn. 136.

[134] *Baumbach / Hueck* Vor § 275 Rdn. 1.

[135] BGHZ 21, 378 (382); RGZ 147, 257 (260); *Soergel / Schultze-v. Lasaulx* § 25 Rdn. 12.

[136] Für die Aktiengesellschaft: RGZ 72, 291 (295); 124, 279 (287); 127, 186 (191);
für die GmbH: RGZ 82, 375 (378); 83, 256 (264); 88, 187 (188); 123, 102 (104);
für die Genossenschaft: RGZ 57, 292 (297); vgl RGZ 147, 257 (260).
in der Literatur: *Lehmann / Hübner* § 34 I 2; *Staudinger / Coing* § 58 Rdn. 3; *Würdinger*, AktR, S. 94 *Meyer-Landrut* in Großkomm. AktG § 2 Anm. 4; *Kraft* in Kölner Komm. AktG § 2 Rdn. 13.

Vor der Eintragung können alle Mängel der Satzungsfeststellung und der Aktienübernahme ohne Einschränkung geltend gemacht werden, und nach der Eintragung bleibt der Einwand mangelnder Geschäftsfähigkeit möglich[137].

Bei nichtverfassungsrechtlichen Individualbestimmungen, auch wenn sie in die Satzung aufgenommen wurden, sind die Vorschriften des Bürgerlichen Gesetzbuches über Erklärungsmängel unbeschränkt anwendbar[138].

II. Teilnichtigkeit

Ist eine Gründungserklärung in einem Ausnahmefall oder eine einzelne Satzungsbestimmung nach §§ 134, 138 BGB nichtig, so stellt sich die Frage nach der Anwendbarkeit des § 139 BGB. Während Coing wegen der rechtsgeschäftlichen Natur der Satzungsfeststellung die Vermutung des § 139 BGB gelten lassen will[139], folgt ihm zumindest im Fall der Nichtigkeit einer einzelnen Satzungsbestimmung die Literatur zum Vereinsrecht nicht[140]. Für das Aktienrecht hat sich im Hinblick auf die abschließende Aufzählung der Nichtigkeitsgründe in § 275 AktG für beide Fälle die Ansicht durchgesetzt, daß § 139 BGB unanwendbar ist[141]. Der BGH stützt dasselbe Ergebnis beim Verein auf eine Begründung, die auch ins Aktienrecht übertragen werden kann. Nach dem Grundgedanken des § 139 BGB solle für den Fortbestand eines teilnichtigen Rechtsgeschäftes der Wille der Erklärenden ebenso Gestaltungskraft besitzen, wie für den Abschluß dieses Rechtsgeschäftes. Dieser Gedanke gelte aber nicht bei der Gründung einer Körperschaft, da der Gründungswille hinter dem in der Satzung objektivierten Vereinswillen zurückgetreten sei[142].

III. Auslegung

Für die Frage, welche Grundsätze bei der Auslegung der Satzung anzuwenden sind, wird entsprechend der unterschiedlichen Auffassung vom Entstehungsakt ein unterschiedlicher Ausgangspunkt gewählt.

Otto v. Gierke läßt dieselben Grundsätze wie bei Gesetzen gelten und schränkt sie nur ein, soweit sie auf speziellen Vorschriften oder der staatlichen Souveränität beruhen[143].

---

[137] RGZ 127, 186 (191); *Würdinger*, AktR, S. 94; *Meyer-Landrut* in Großkomm. AktG § 2 Anm. 4; *Kraft* in Kölner Komm. AktG § 2 Rdn. 10.

[138] *Georgakopoulos* S. 85; vgl. oben Fn. 117.

[139] *Staudinger / Coing* § 25 Rdn. 6.

[140] *Soergel / Schultze-v. Lasaulx* § 25 Rdn. 13; *Enneccerus / Nipperdey* § 108 Fn. 14; *Meyer-Cording*, Rechtsnormen, § 109.

[141] *Würdinger*, AktR, S. 94; *Baumbach / Hueck* § 275 Rdn. 2; *Meyer-Landrut* in Großkomm. AktG § 2 Anm. 4; *Wiedemann* ebenda § 275 Anm. 2; *Kraft* in Kölner Komm. AktG § 2 Rdn. 15.

[142] BGHZ 47, 172 (180).

Wer in dem Entstehungsakt ein Rechtsgeschäft sieht, wählt die §§ 133, 157 BGB als Ausgangspunkt der Auslegung. Unter dem Gesichtspunkt, daß die Satzung teilweise für außenstehende Dritte und für künftig eintretende Mitglieder von Bedeutung ist, wird dieser Grundsatz indes auf die Aussage reduziert, daß nicht am buchstäblichen Sinn des Ausdrucks zu haften ist, sondern daß der Sinnzusammenhang entscheidet[144].

Im Ergebnis herrscht weitgehend Einigkeit. Die generellen Verfassungsbestimmungen werden grundsätzlich aus sich heraus ausgelegt. Von Einzelumständen und subjektiven Vorstellungen wird dabei abgesehen[145]. In welchem Umfang auf Auslegungsmittel außerhalb der Satzung zurückgegriffen werden darf, z. B. auf die zum Handelsregister eingereichten Unterlagen, eventuell auch auf die nicht offenkundig gewordenen Vorverhandlungen, wurde davon abhängig gemacht, in welchem Maße die Auslegung für die Allgemeinheit und die Gläubiger bedeutsam und in welchem Maße ihr Vertrauen schutzwürdig war[146].

Bei individualrechtlichen Bestimmungen differenziert Kraft und will solche, die Pflichten begründen, an denen Dritte Interesse haben, ohne Berücksichtigung der für sie nicht erkennbaren Umstände auslegen[147]. Für individuelle, nicht körperschaftsrechtliche Bestimmungen in der Satzungsurkunde werden dagegen überwiegend die Grundsätze der §§ 133, 157 BGB uneingeschränkt angewandt[148].

Auch die Frage nach den Grundlagen einer Auslegung macht deutlich, daß allein mit dem Blick auf die Rechtsnatur wenig gewonnen ist. Entscheidend ist vielmehr, wie der Ausgangspunkt modifiziert wird. Das kann nur aufgrund der jeweiligen Interessenlage erfolgen. Um daneben auf einzelne systematische Gesichtspunkte zurückgreifen zu können, ist nicht nur zwischen individuellen und generellen Bestimmungen zu unterscheiden, sondern auch zwischen körperschaftlichen und solchen, die nicht der Regelung des körperschaftlichen Interessenfeldes dienen. Die Besonderheiten der Auslegung von Bestimmungen in der Satzungsurkunde haben zwei unterschiedliche Wurzeln. Zum einen besteht das

---

143 *v. Gierke*, DPrR I, S. 158.

144 RGZ 159, 321 (326); 165, 68 (73); *Soergel / Schultze-v. Lasaulx* § 25 Rdn. 11; *Staudinger / Coing* § 25 Rdn. 8 a, § 133 Rdn. 54; *Baumbach / Hueck* § 23 Rdn. 3.

145 BGHZ 47, 172 (180 f.); *Soergel / Schultze-v. Lasaulx* § 25 Rdn. 11; *Staudinger / Coing* § 133 Rdn. 54; *Meyer-Cording*, Vereinsstrafe, S. 51; ders., Rechtsnormen, S. 108; *Würdinger*, AktR, S. 34; *Baumbach / Hueck* § 23 Rdn. 3; *Barz* in Großkomm. AktG § 23 Anm. 19; *Kraft* in Kölner Komm. AktG § 2 Rdn. 33.

146 Vgl. im einzelnen *Kraft* in Kölner Komm. AktG § 2 Rdn. 26.

147 In Kölner Komm. AktG § 2 Rdn. 37, damit umschreibt *Kraft* aber gerade die hier gewählte Abgrenzung des Körperschaftsrechtes. Vgl. auch *Barz* in Großkomm. AktG § 23 Anm. 19 a. E.

148 *Baumbach / Hueck* § 23 Rdn. 3; *Würdinger*, AktR, S. 34.

Bedürfnis nach einheitlicher Auslegung von Regelungen, die viele Individuen berühren. Zum anderen schafft die Satzungsurkunde einen Vertrauenstatbestand, der auf ihrer Öffentlichkeitsrichtung beruht. Individuelle Regelungen werden zwar in der Regel weniger in das Vertrauen Dritter einbezogen, das gilt jedoch nicht ausnahmslos, vor allem nicht für körperschaftsrechtliche Individualbeziehungen wie die Aktienzeichnung.

IV. Revisibilität

Von der Klärung der Rechtsnatur wird weiterhin eine Antwort auf die Frage nach der Revisibilität der Satzungsvorschriften erwartet. Diese Frage ist in der Rechtssprechung und Literatur zumeist nicht unter dem Gesichtspunkt behandelt worden, ob eine Revision zulässig auf die Verletzung einer Satzungsvorschrift gestützt werden kann[149], sondern unter dem engeren, ob bei zulässiger Revision das Revisionsgericht an die Auslegung der Satzung durch das Berufungsgericht gebunden ist. Beide Fragen können unterschiedlich beantwortet werden[150].

Coing verneint die Revisibilität der Satzung, indem er ihr den Charakter einer objektiven Rechtsnorm abspricht. Fälle einer unrichtigen Auslegung seien nur revisibel, wenn damit eine anerkannte Auslegungsregel verletzt worden sei[151]. Auch Rosenberg / Schwab halten die Satzung grundsätzlich für nicht revisibel, sondern sehen sie als Gegenstand tatsächlicher Feststellung an, wollen sie aber unter bestimmten Voraussetzungen im Sinne des Revisionsrechts wie eine Rechtsnorm behandeln[152].

Ganz überwiegend wird dagegen in der Literatur und Rechtsprechung die freie Nachprüfbarkeit bejaht[153]. Zur Begründung werden unterschiedliche Momente betont. So begnügt sich Barz mit der pragmatischen Überlegung, daß die Auslegung nicht von der Ermittlung subjektiver Vorstellungen der Beteiligten im Wege einer tatsächlichen Fest-

---

[149] So ist auch *Enneccerus / Nipperdey* zu verstehen, wenn er die Satzung nicht als Gesetz i. S. d. § 549 ZPO ansieht, sie aber dennoch für revisibel hält (§ 108 II Fn. 8).

[150] Ähnlich unterschiedlich beurteilt auch der BayVerfGH die Voraussetzungen, die die Popularklage eröffnen, und den durch das zulässige Rechtsmittel eröffneten Prüfungsrahmen (BayVerfGHE 20, 213, (216)).

[151] *Staudinger / Coing* § 25 Rdn. 6; auch BAG AP Nr. 2 zu 549 ZPO lehnt die Revisibilität der Satzung eines nicht eingetragenen Vereins und eines Versicherungsvereins auf Gegenseitigkeit ab, weil sie sich im Gegensatz zur Satzung einer Kapitalgesellschaft in ihrer Wirkung auf die Vereinsmitglieder beschränke.

[152] *Rosenberg / Schwab* § 144 I 6.

[153] BGHZ 9, 279 (281); 27, 297 (300); 36, 297 (314); *Kraft* in Kölner Komm. AktG. § 2 Rdn. 39; und die in den folgenden Fußnoten genannte Literatur. Das gilt nicht für nicht-körperschaftsrechtliche Bestimmungen in der Satzungsurkunde (BGH LM Nr. 25 zu § 549 ZPO).

stellung und konkreten Beweiswürdigung abhängig sei[154]. Hier zeigt sich der Zusammenhang mit dem Sreit um die Auslegung. Der BGH und einzelne Autoren stellten dagegen den Geltungsgrund, den sie in der selbständigen Organisationsgewalt sehen, in den Vordergrund[155], und bezogen sich damit auf die neuere Normtheorie. Andererseits wird als entscheidend angesehen, daß die Bestimmungen für einen unbestimmten Personenkreis maßgeblich bzw. bestimmt sind und deshalb nur einheitlich ausgelegt werden könnten[156].

Die Frage der Zulässigkeit einer allein auf die Verletzung von Satzungsrecht gestützten Revision ist bisher kaum isoliert betrachtet worden. Sie ist ebenso wie die der freien Nachprüfbarkeit in der Revisionsinstanz vornehmlich eine Auslegungsfrage des Prozeßrechts, die nach dessen besonderen Zwecken zu entscheiden ist. Allein der Hinweis auf die Vielzahl der Betroffenen überzeugt als Begründung nicht. Das Prozeßrecht nimmt unterschiedliche Auslegung ein- und derselben tatsächlichen und rechtlichen Situation im Hinblick auf mehrere Parteien hin, wie die einfache Streitgenossenschaft und die Nebenintervention zeigen. Entscheidend ist vielmehr, ob als Zweck der Revision stärker das Parteiinteresse an einer richtigen Entscheidung oder das Allgemeininteresse an der Einheit und der Kontrolle der Rechtspflege betont wird[157]. Im letzten Fall tritt das Interesse an der einheitlichen Auslegung durch private Institutionen geschaffener Regeln weit hinter der staatlicher Normen zurück. Ob die Bestimmungen aufgrund der Privatautonomie oder einer Delegation gelten, bedeutet dabei keinen Unterschied.

Eine Grenze findet die Revisibilität, wenn Tatsachen durch Beweisaufnahme zu ermitteln sind. Die Satzung ist zwar in aller Regel aus sich selbst heraus auszulegen, so daß Feststellungen darüber hinausgehender Tatsachen entbehrlich sind. Das führt jedoch zu dem bedenklichen Ergebnis, daß das Revisionsgericht zwar über das „wie“ der Anwendung entscheiden kann, nicht aber über das „ob“, denn die Frage, ob eine Satzung wirksam geschaffen wurde, setzt Tatsachenfeststellungen voraus.

F. Die Änderung der Satzung

Die Verfassung wird grundsätzlich in der Form der Satzungsänderung (§§ 179 ff. AktG) durch einen Beschluß der Hauptversammlung ge-

---

[154] *Barz* in Großkomm. AktG § 23 Anm. 19. Die Zulässigkeit der Revision kann damit jedoch nicht überzeugend begründet werden.

[155] BGHZ 21, 370 (374); *Soergel / Schultze-v. Lasaulx* § 25 Rdn. 14: „Vereinsautonomie“; *Meyer-Cording,* Vertragsstrafe, S. 52; ders., Rechtsnormen, S. 109: „rechtserzeugende Institution“.

[156] BGHZ 14, 25 (36); BAG AP Nr. 1 zu 549; *Baumbach / Hueck* § 23 Rdn. 3.

[157] Vgl. *Rosenberg / Schwab* § 135 II 2.

ändert. Satzungsänderung und Satzungsfeststellung unterscheiden sich erheblich, obgleich sich beide Rechtsakte auf dieselben Bestimmungen verfassungsrechtlichen Charakters beziehen. Während die Satzungsfeststellung erst auf die Errichtung der juristischen Person zielt, erfolgt die Änderung im Rahmen der bestehenden Körperschaft. Die Änderung der Verfassung wird durch diese Verfassung selbst geregelt und ist der Mehrheitsherrschaft unterworfen.

Die Verfassungsänderung ist nicht Durchführung der Regeln, unter denen sich die Mitglieder zusammengefunden haben, sondern deren Gestaltung. Die Änderung der körperschaftlichen Grundlagen muß deshalb nicht notwendig als Aufgabe der juristischen Person selbst, sondern kann als Akt der Mitglieder verstanden werden. Das Aktiengesetz rechnet aber auch die Änderung der Organisation der juristischen Person zu, indem es nicht zwischen die Verfassung durchführenden und die Verfassung ändernden Beschlüssen unterscheidet und alle Hauptversammlungsbeschlüsse als Akte der Gesellschaft ansieht (vgl. § 246 Abs. 2 Satz 1 AktG). Die Körperschaft dient auch im Innenverhältnis als Anknüpfungspunkt und vereinfacht damit die verbandsinternen Rechtsbeziehungen, die sich andernfalls nur zwischen die Mitglieder und Organwalter spannen ließen.

§ 4. Der Beitritt in eine Körperschaft

A. Die Rechtsnatur des Beitritts

Um die Rechtsnatur des Beitritts herrscht in der Literatur ein ähnlicher Streit wie um die Gründung der Körperschaft.

Die Rechtstheoretiker, die die Satzungsfeststellung als Gesamtakt bezeichneten, sahen konsequenterweise im Beitritt ein ähnliches Rechtsgeschäft, das auf dem aus Beitrittserklärung und Aufnahmebeschluß bestehenden Gesamtakt beruhe[158]. Eine ähnliche Vorstellung liegt der Rechtssprechung des Reichsgerichtes zugrunde, wenn es die Zeichnung als einen gesellschaftsrechtlichen Akt bezeichnet, der der Allgemeinheit gegenüber erklärt werde[159].

Dem steht die Auffassung des Beitritts als Vertrag zwischen Beitretendem und Körperschaft gegenüber[160].

Wilhelmi sieht Zeichnung und Zuteilung nicht als Bestandteil eines Rechtsgeschäfts, sondern als zwei getrennte, wenn auch zusammenhängende Rechtsgeschäfte an. Ähnlich will von Tuhr einen Vertrag nur dann annehmen, wenn die Aufnahme dem Vorstand übertragen wurde, während er den Vertragscharakter von Anmeldung des Eintretenden und Aufnahmebeschluß der Mitgliederversammlung verneint, da es sich bei der Aufnahme um ein internes Rechtsgeschäft der Körperschaft handele, das zu seiner Wirksamkeit keiner Erklärung an den Beitretenden bedürfe[161].

B. Die Zuständigkeit für die Aufnahmeerklärung

Partner des Aufnahmerechtsgeschäftes ist die Körperschaft[162]. Dies entspricht dem Grundsatz, daß auch für körperschaftliche Rechtsgeschäfte die Körperschaft als vereinfachender Anknüpfungspunkt dient.

---

158 *Ruth,* ZHR 88, 457 (478); einseitiger Rechtsakt: *Oertmann* § 38 Anm. 4 a.

159 RGZ 79, 112 (114).

160 *Enneccerus / Nipperdey* § 112 II; *Larenz,* AT, S. 134; *Lehmann / Hübner* § 61 IV 2 a; *Palandt / Danckelmann* § *38* Anm. 1; *Soergel / Schultze-v. Lasaulx* § 38 Rdn. 19; *Staudinger / Coing* § 58 Rdn. 3; *Müller-Erzbach* S. 205; *Meyer-Cording,* Rechtsnormen, S. 91; *Baumbach / Hueck* § 185 Rdn. 3; *Lutter* in Kölner Komm. AktG § 185 Rdn. 5, 7.

161 *v. Godin / Wilhelmi* § 185 Anm. 2; *v. Tuhr* I § 38 I und für die parallele Frage der Bestellung eines Organverwalters § 37 I.

162 Siehe die unter Fn. 160 genannte Literatur.

Zuständiges Organ ist jedoch im Zweifel die Mitgliederversammlung, wie für alle das innere Leben der Körperschaft berührenden Rechtsakte[163].

C. Mängel der Beitritts- und Aufnahmeerklärung

Beitrittserklärungen zum Idealverein unterliegen wegen ihrer Bedeutungslosigkeit für die Rechte Dritter grundsätzlich dem allgemeinen Recht der Willenserklärungen — gleichermaßen, ob der Beitritt im Zusammenhang mit der Gründung oder nachträglich erfolgte. Wegen der unentwirrbaren Rechtsfolgen, die eine rückwirkende Beseitigung hätte, wird sie jedoch nur mit Wirkung für die Zukunft zugelassen[164]. Dabei wird jedoch nicht ausreichend bedacht, daß im Gegensatz zum Personalgesellschaftsrecht die Rechtsbeziehungen zwischen Mitglied und Verein einer Rückabwicklung leichter zugänglich sind und die Zurechnung an die juristische Person den Wirkungen der Nichtigkeit eine Grenze zieht.

Bei der Beitrittserklärung zur Aktiengesellschaft ist die Anfechtung ebenso wie das Berufen auf eine Scheinerklärung und auf einen geheimen Vorbehalt nach der Eintragung nach einhelliger Ansicht ausgeschlossen. Die Interessenabwägung gebietet unter dem Gesichtspunkt der Garantiefunktion des Grundkapitals den Schutz der Dritten vor der Individualgerechtigkeit im Verhältnis zwischen Zeichner und Aktiengesellschaft (vgl. § 185 Abs. 3 AktG)[165].

D. Der Beitritt als Grund für die Verbindlichkeit der Satzung

Um die Verbindlichkeit der Satzung zu begründen, bedarf die Normtheorie nicht des Rechtsgeschäftes des Beitritts. Der Beitritt hat nur die Bedeutung, den Kreis der Mitglieder und damit die Adressaten der Normen zu bestimmen. Nach der Theorie von der privatautonomen Geltung beruht die Verbindlichkeit der Satzung dagegen auf der Unterwerfung durch Beitritt. Dennoch braucht die Satzung nicht in den Willen der Beitretenden aufgenommen zu werden. Er muß sich aber durch Einblick Kenntnis von der Regelungen der Satzung verschaffen können[166]. Diese Lösung findet Parallelen in der allgemeinen Entwicklung,

---

[163] *v. Tuhr* I § 38 I; *Ruth*, ZHR 88, 454 (493); *Ermann / Westermann* § 38 Rdn. 3.

[164] *Enneccerus / Nipperdey* § 106 II, *Ermann / Westermann* § 38 Rdn. 3; *Staudinger / Coing* § 21 Rdn. 25, § 58 Rdn. 3; a. A. *Flume* (AT S. 427), der den Idealverein wie wirtschaftlich tätige Körperschaften behandelt.

[165] Siehe oben Fn. 136; sowie RGZ 79, 112 (114); *Wiedemann* in Großkomm. AktG § 185 Anm. 1, a. E.; *Lutter* in Kölner Komm. AktG § 185 Rdn. 15. Insoweit besteht ein Widerspruch, wenn die Vernichtung des Kapitalerhöhungsbeschlusses als notwendiger Bestandteil des Beitritts teilweise zugelassen wird (siehe dazu unten Fn. 229).

[166] BGHZ 47, 172 (175).

die die Willenseinigung in ihrer Bedeutung für den Vertragsschluß zurückdrängt und durch objektive, zum Teil an das äußere Verhalten der Parteien anknüpfende Normierungen ersetzt[167]. Eine solche Entwicklung ist auch beim Schuldvertrag zu erkennen und hat ihre Ursache in der Wandlung des Vertragsverhältnisses von einem sorgsam ausgehandelten Interessenausgleich zu einem Instrument zur massenhaften Begründung auch detailliert geregelter Rechtsbeziehungen.

[167] *Raiser*, Vertragsfraktion, S. 123; vgl. zu den faktischen Vertragsverhältnissen unten Fn. 356 und *Soergel / Lange* Vor § 145 Rdn. 112 ff.

§ 5. Beschluß und Vertrag als Formen körperschaftlicher Rechtsgeschäfte

A. Der Vertrag

I. Der Begriff des Vertrages in der vom Bürgerlichen Gesetzbuch bestimmten Dogmatik

Coing definiert den Vertrag als einen „juristischen Tatbestand, in dem die Willenseinigung mehrerer Personen über bestimmte rechtliche Folgen durch übereinstimmende Erklärungen festgestellt werden“[168]. Die Rechtswirkungen treten gerade mit Rücksicht auf den und entsprechend dem gemeinsamen festgestellten Willen ein[169]. Der Vertragsbegriff läßt sich in den Vertragsschluß und das Vertragsverhältnis aufgliedern[170]. Die in den §§ 145 BGB aufgestellten Normen beziehen sich jedoch nur auf den Vertragsschluß[171]. Darüber hinaus gibt es kein abstrahiertes Vertragsverhältnis, sondern nur verschiedene Typen. Der Vertragsbegriff wurde ausgehend vom Schuldvertrag — und hier wiederum vom Kaufvertrag — entwickelt und erst von v. Savigny[172] auf das sachenrechtliche Verfügungsgeschäft und den familienrechtlichen Vertrag ausgedehnt. Im Erbrecht erscheint er im Erbvertrag und Erbverzicht.

Das Wesen des Vertragsschlusses wird ganz allgemein in der Einigung und gegenseitigen Erklärung der übereinstimmenden Willen der Beteiligten gesehen[173]. Das Vertragsverhältnis oder die vertragliche Rechtsfolge wird in der Literatur als wechselseitige Bindung[174], als

---

[168] *Staudinger / Coing* Vor § 145 Rdn. 1.

[169] *Staudinger / Coing* Vor § 145 Rdn. 1; *Larenz,* AT, S. 442.

[170] *Soergel / Lange* Vor § 145 Rdn. 2.

[171] *Raiser* (Vertragsfunktion, S. 102) verdeutlicht, daß die am Rechtssubjekt und subjektiven Recht orientierte Rechtsgeschäftslehre des BGB und die daran anknüpfende Diskussion sich in erster Linie für die im Vertrag stattfindende Willensübereinstimmung und nicht für den Inhalt, die Wirkung oder die Funktion des Vertrages interessierte.

[172] System III, §§ 140 ff.

[173] BGHZ 55, 104 (Teerfarben) Gründe: NJW 1971, 521 (524); *v. Savigny,* System III, § 140; *v. Tuhr* II § 53 II; *Enneccerus / Nipperdey* § 146 I; *Flume,* AT, S. 602; *Palandt / Heinrichs* Vor § 145 Anm. 1 a; *Staudinger / Coing* Vor § 145 Rdn. 1 ff.

[174] *Larenz,* AT, S. 226. Zu der Frage, ob dem Vertragsbegriff eine rechtliche Bindung immanent ist vgl. BGHZ 55, 104 (Teerfarben) Gründe: NJW 1971, 521 (524); *Müller / Henneberg* in Gemeinschaftskommentar § 1 GWB Rdn. 24, 27.

Rechtsverhältnis[175], als Rechtsbeziehung[176] oder besonders weit als bestimmter rechtlicher Erfolg[177] bezeichnet. Noch weiter dehnt Lukes den Begriff, wenn er das Wollen einer Reflexwirkung als wirtschaftlichen Erfolg in Verbindung mit dem Willen, diese Übereinkunft der Rechtsordnung zu unterstellen, als angestrebte Folge ausreichen läßt[178]. Die Ansicht ist indes vielfach kritisiert worden und hat keine Anhänger gefunden[179].

II. Die Lösung des Vertragsbegriffes vom Bürgerlichen Gesetzbuch

Neben den körperschaftsrechtlichen Verträgen haben die Tarifverträge und auch die Kartellverträge Anlaß gegeben, die am Schuldvertrag orientierte Dogmatik neu zu überdenken.

Raiser bemüht sich den Vertrag nicht vom Entstehungstatbestand, sondern von seiner Funktion ausgehend neu zu begreifen und daran orientierte Einteilungskriterien zu finden[180]. Verträge dienten der rechtlichen Ordnung zwischenmenschlicher Beziehung durch Selbstbestimmung der Beteiligten im herrschaftsfreien Raum. Raiser sieht deshalb das entscheidende Kriterium des Vertrages in der selbst geschaffenen, nicht vorgegebenen oder auferlegten zwischenmenschlichen Ordnung. Damit werde die Entstehungsweise der vertraglichen Ordnung zwar nicht gleichgültig, verliere aber doch an Bedeutung. Funktion des Vertrages sei es, jeder Partei Mitherrschaft über Inhalt und Bestand einer Regelung zu geben und damit zugleich materiell den Ausgleich der Interessen zwischen den Partnern zu ermöglichen.

Entsprechend den Funktionsunterschieden vertraglicher Rechtsordnungen unterscheidet Raiser zwischen Verpflichtungs-, Verfügungs-, Organisations- und Normenverträgen[181]. Als Organisationsvertrag kennzeichnet er den auf die Gründung einer Körperschaft gerichteten Vertrag, und er sieht seine spezifische Funktion darin, daß er einen Verband errichtet, in dem eine Personenmehrheit zum gemeinschaftlichen Handeln rechtlich verfaßt und als Zweckeinheit gegenüber den Mitgliedern

---

175 *v. Savigny,* System III, § 140; *Flume,* AT, S. 602.

176 *v. Tuhr* II § 53 II.

177 *Palandt / Heinrichs* Vor § 145 Anm. 1 a; ähnlich *Enneccerus / Nipperdey* § 140 I („Rechtswirkung") und *Staudinger / Coing* Vor § 145 Rdn. 1 („bestimmte rechtliche Folgen").

178 *Lukes* S. 253 ff., 261 ff.

179 *Benkendorff,* G.: Über den Vertrag in § 1 GWB und seine Eignung zur Marktbeeinflussung durch Wettbewerbsbeschränkung. Wettbewerb in Recht und Praxis 1962, 313 (314); *Biedenkopf,* Kurt: Zur Selbstbeschränkung auf dem Heizölmarkt. BB 1959, 1108; *Sandrock,* Otto: Grundbegriffe des Gesetzes gegen Wettbewerbsbeschränkungen. München 1968, S. 256 ff.

180 Vertragsfunktion, S. 123.

181 Vertragsfunktion, S. 109.

verselbständigt wird. Er erkennt beim Gesellschaftsvertrag der Personengesellschaften zwar organisatorische und personenrechtliche Elemente an, dennoch überwögen die für die Verpflichtungs- und Verfügungsverträge kennzeichnenden Merkmale. Den Normenvertrag charakterisiert er als Vertrag, in dem Normen vereinbart werden, die für Einzelverträge maßgeblich sein sollen. Herausragendes Beispiel für Normenverträge ist der Tarifvertrag. Für einen Vertrag mit rechtsverbindlichen Normen bedürfen die Vertragspartner einer eigenen oder staatlich delegierten Rechtssetzungsbefugnis[182]. Selbst wenn man den Inhalt von Organisationsverträgen als Normen bezeichnet, so unterscheiden sie sich von den Normenverträgen doch darin, daß sie keine Regeln für weitere Verträge aufstellen, daß ihr Wirkungskreis auf die Partner der Vereinbarung und diejenigen, die ihr nachträglich beigetreten sind, beschränkt ist und daß sie keine dem staatlichen Recht in ihrem Geltungsgrund gleichstehenden Rechtsnormen schaffen[183].

III. Stellungnahme

Die beiden dargestellten körperschaftlichen Rechtsgeschäfte, der Gründungsakt und der Beitritt, lassen sich sowohl dem am Entstehungsakt als auch dem an der Funktion orientierten Vertragsbegriff unterordnen. Selbst die organisatorischen Bestimmungen werden im Rahmen der Gründung durch Einigung und Erklärung der übereinstimmenden Willen geschaffen, nicht anders als die besonderen auf Abwicklung gerichteten Gründungsrechtsbeziehungen und die Aktienübernahme. Beim Beitritt mag es vielfach an einer besonderen Aufnahmeerklärung fehlen, insbesondere — wie v. Tuhr hervorhebt — wenn die Mitgliederversammlung über die Aufnahme entscheidet[184]. Das Bürgerliche Gesetzbuch regelt aber auch einen solchen Fall als Vertrag (§ 151 BGB).

Die gesetzliche Ausgestaltung der körperschaftlichen Gründungsakte verdeutlicht die von Raiser herausgearbeitete Vertragsfunktion. Die gesetzliche Mindestzahl von Gründern bezweckt gerade mehreren Personen Mitherrschaft zu geben und damit die Wahrscheinlichkeit zu fördern, daß in der Satzung zwischen den verschiedenen Interessen ein Kompromiß gefunden wird, der auch für weitere Mitglieder akzeptabel ist. Die Mitherrschaft der Gründer über den Bestand der Regelung ist zwar durch das Mehrheitsprinzip und die Aufnahme neuer Mitglieder eingeschränkt, sie wird dadurch aber nicht beseitigt, sondern ausgestal-

---

182 *Fikentscher*, Schuldrecht, S. 76; zum Normvertrag allgemein vgl. *Hueck*, Alfred: Normenverträge. Iherings Jahrbuch Bd. 73 S. 33 ff.

183 So jedenfalls die herrschende Theorie der Privatautonomie („Vertragstheorie"), vgl. oben Fn. 64.

184 Bd. I § 38 I.

tet. Die Beschränkung des Einflusses auf den Inhalt der Regelung beim Beitritt ist dadurch bedingt, daß der in der juristischen Person verkörperte Kompromiß aus vielfältigen Interessen nur schwer zur Disposition gestellt werden kann. Ähnliche Einschränkungen aufgrund wirtschaftlicher Machtverhältnisse, und deshalb weit weniger gerechtfertigt, sind der Vertragspraxis geläufig.

Auch im Hinblick auf das Vertragsverhältnis kann die vertragliche Natur beider Rechtsgeschäfte nicht wegen mangelnder wechselseitiger Bindung verneint werden. Zwar ist der Hinweis auf die gründungsbezogenen Rechtspflichten zwischen den Gründern, die nicht den Kern des Gründungsaktes bilden, wenig befriedigend. Hat aber die juristische Person zumindest unter anderem die Funktion, komplexe gegenseitige Rechtsbeziehungen als zentraler Zuordnungspunkt zu vereinfachen, so muß die rechtliche Bindung gegenüber diesem Zuordnungspunkt der gegenseitigen Bindung gleichgestellt werden.

Demnach können Gründungsakt und Beitritt zwar dem Vertragsbegriff untergeordnet werden. Jedoch dürfen in dem Maße, in dem der Vertragsbegriff nicht mehr am gegenseitigen Verpflichtungsgeschäft orientiert ist, auch die daran ausgerichteten Vorschriften im Bürgerlichen Gesetzbuch nicht uneingeschränkt auf alle Verträge angewandt werden.

B. Der Beschluß

Der Beschluß ist typischerweise ein Rechtsgeschäft zwischen einer Vielzahl von Personen. Der Vorgang läßt sich in eine Reihe einzelner zeitlich aufeinanderfolgender Elemente zergliedern[185]. Davon sollen die ersten drei Elemente, die zur Entscheidung stehende Frage im weitesten Sinne, der Antrag als vorgeformte Antwort auf diese Frage und die Beratung darüber, nicht näher betrachtet werden. Von Bedeutung für die rechtliche Qualifikation des Beschlusses ist dagegen die Abgabe der Einzelstimmen. Durch die anschließende Auswertung werden die einzelnen Stimmen zu einem einheitlichen Ergebnis zusammengefaßt.

Während damit der Beschluß in einem dynamischen Sinne als Prozeß gekennzeichnet ist, wird auch das Ergebnis als Beschluß in einem statischen Sinne bezeichnet. Das Beschlußergebnis kann völlig unterschiedliche Bedeutung haben. Es kann sich auf eine unverbindliche Meinungsäußerung oder auf die Regelung von Fragen des Beschlußverfahrens beschränken. Es kann sich an die für die Körperschaft handelnden Organe richten und dabei entweder auf die Gestaltung von internen Verhältnissen (z. B. Ermächtigung zur Ausgabe von Aktien) oder von Beziehungen zu außenstehenden Dritten zielen. Es kann aber auch interne

[185] Vgl. *Baltzer* S. 101.

Verhältnisse unmittelbar gestalten, sei es in Durchführung, sei es in Änderung der Verfassung.

Die vielen in zivilrechtlichen Gesetzen vorgesehenen Beschlüsse sind nicht in aller Hinsicht einheitlich zu werten. Die folgenden Darstellungen beziehen sich deshalb nur auf den Beschluß der Mitgliederversammlung einer Körperschaft.

I. Die typischen Funktionen des Beschlusses

Die zentrale Funktion der Beschlußfassung liegt in der Bildung der einheitlichen Aussage eines kollektiven Willensaktes[186]. Soll das Beschlußergebnis einen Ersatz für den der juristischen Person fehlenden natürlichen Willen bilden, so muß es wie bei der natürlichen Person einheitlich sein. Nur der geeinte Wille der Mitglieder kann der juristischen Person zugerechnet werden und das ebenfalls der Körperschaft zuzurechnende Handeln ihrer Organe vorbereiten.

In dieser bloßen Willensbildung der Organe zur Vorbereitung ihres Handelns sieht Raiser einen entscheidenden Unterschied zum Vertrag, der die Beziehungen zu anderen Rechtsgenossen regele[187]. Diese Kennzeichnung trifft aber nur für einen Teil der Beschlüsse zu.

Ein Blick in die juristische Person offenbart eine Vielzahl von natürlichen Personen, die selbst wiederum Anknüpfungspunkte rechtlicher Regelungen sind. Auch die Beziehungen der Mitglieder oder Organwalter müssen durch das Recht geordnet werden. Für derartige Beziehungen in einem Verband sind grundsätzlich zwei verschiedene Gestaltungen denkbar. Die Beziehungen können wie bei der nicht rechtsfähigen Gesellschaft unmittelbar zwischen den natürlichen Personen bestehen[188]. Ist der Verband rechtsfähig, so können sie aber auch durch diesen vermittelt werden. Die juristische Person erfüllt ihren Vereinfachungszweck nur vollkommen, wenn sie auch für die internen Rechtsverhältnisse soweit als Anknüpfungspunkt anerkannt wird, als dadurch nicht eine sach- und interessengerechte Wertung ausgeschlossen wird[189].

---

[186] *Enneccerus / Nipperdey* § 146 IV; *Lehmann / Hübner* § 25 I 2 c; *Flume*, AT, S. 602; *Baltzer* S. 41.

[187] *Raiser*, Vertragsfunktion, S. 110; vgl. auch Kuntze S. 71 f.

[188] Solche unmittelbaren Beziehungen sind auch mit dem Wesen der Körperschaft zu vereinbaren. Zwar kennt das deutsche Recht derartige Rechtsbeziehungen nicht; in den amerikanischen Rechten ist aber beispielsweise eine unmittelbare Treuepflicht der Mehrheitsaktionäre gegenüber den Minderheitsaktionären anerkannt. Johnes v. H. F. Ahmanson & Company 460 Pacific Reporter 2 d 464, 471 (1969).

[189] Die Grenzen der Zweckkonstruktion der Körperschaft hat z. B. der United States Count of Appeals, Second Circuit in Perlman v. Feldmann 219 F. 2 d 173 (1955) deutlich gemacht, indem er den Minderheitsgesellschaftern und nicht der Gesellschaft einen Anspruch auf Ersatz eines Schadens gegen einen Dritten zubilligte, den dieser im Zusammenwirken mit dem

Auch die Vorbereitung des Handelns von Organen geschieht durch rechtliche Beziehungen der Mitglieder zu den Organwaltern, die durch die juristische Person vermittelt wird.

Beschlüsse können sich aber auch in der Regelung innerkörperschaftlicher Beziehungen erschöpfen, so z. B. der den Vorstand entlastende Beschluß der Hauptversammlung. Hier versagt der Vergleich mit der natürlichen Person völlig. Nicht mehr eine fehlende Willensfähigkeit ist zu ersetzen, sondern es soll lediglich eine Einigung der Mitglieder herbeigeführt werden. Insbesondere bei der Änderung der körperschaftlichen Organisation bedarf es auch nicht der Betätigung eines der Körperschaft zuzurechnenden Willens. Dennoch wird auch bei organisatorischen Beschlüssen das Ergebnis aufgrund ihrer Vermittlerrolle der juristischen Person zugerechnet.

Alle diese Beziehungen werden durch Beschluß rechtsgeschäftlich geregelt. Die Funktion des Beschlusses wird deshalb in der Literatur in der Regel mit dem Hinweis erschöpfend umschrieben, er regele die inneren Verhältnisse der Vereinigung[190].

Die Kehrseite der willensersetzenden Funktion des Beschlusses ist seine Aufgabe, den Mitgliedern Einfluß auf die Willensbildung zu ermöglichen. Diese Funktion wird materiell vielfach im Gegensatz zu der des Vertrages nicht im Ausgleich entgegengesetzter Interessen, sondern darin gesehen, den stärkeren Interessen der Mehrheit zum Sieg über die der Minderheit zu verhelfen[191]. Indes sind auch beim Vertrag die Interessen nicht derart entgegengerichtet, daß sie nicht für die Abwicklung zu einem dafür erforderlichen Parallelverlauf umgelenkt werden können. Schon das Beispiel des Adoptionsvertrages zeigt, daß darin keine wesensmäßige Funktion des Vertrages liegt. Andererseits sind die im Beschluß aufeinandertreffenden Interessen auch nicht gleichgerichtet, wie bereits die Möglichkeit des Überstimmtwerdens zeigt. Daß die einem Beschluß zugrundeliegenden Interessen extrem gegensätzlich sein können, haben die Unternehmensverbindungen durch mitgliedschaftliche Beteiligung unübersehbar gemacht. Ein Mehrheitsbeschluß kann nur erreicht werden, wenn die Zustimmenden in dem Beschlußantrag die optimale erreichbare Wahrung ihrer Interessen sehen. Der Beschluß bewirkt demnach den Ausgleich der Interessen so vieler Mitglieder wie Zustimmungen für die Wirksamkeit erforderlich sind. Die Interessen der verbleibenden Mitglieder werden der mit dem Mehrheitsprinzip erstrebten Handlungsfähigkeit der Personenmehrheit ge-

---

Mehrheitsgesellschafter der Gesellschaft zugefügt hatte. Die Entscheidung ist allerdings im Hinblick auf den Gläubigerschutz bedenklich.

190 *v. Tuhr* II § 53 IV; *Larenz*, AT, S. 267; *Enneccerus / Nipperdey* § 146 IV.

191 *v. Tuhr* II § 53 IV; *Soergel / Schultze-v. Lasaulx* § 32 Rdn. 29; *Würdinger*, AktR, S. 131.

opfert. Der Interessenausgleich ist damit lediglich durch das Mehrheitserfordernis quantitativ bedingt und entspricht der des Vertrages völlig, wenn ausnahmsweise Einstimmigkeit erforderlich ist[192].

Schließlich sei noch auf die formale Funktion hingewiesen, die der Beschluß als Form und Verlautbarung erfüllt.

II. Die Beschlußfassung

Der Prozeß der eigentlichen Beschlußfassung beginnt mit der Abstimmung, d. h. der Abgabe der Einzelstimmen. Sie werden heute einhellig als Willenserklärung im technischen Sinne angesehen, denn sie sind auf die Herbeiführung von Rechtswirkungen gerichtet[193]. Die Abgabe der Einzelstimme ist aber kein Rechtsgeschäft, da der Rechtserfolg nicht durch sie allein, sondern erst im Zusammenhang mit einer ausreichenden Zahl anderer Stimmen zustandekommt[194].

Als Adressaten werden teilweise die anderen Mitglieder und damit die Stimmabgaben als gegenseitige Willenserklärungen angesehen[195]. Von anderen wird die Parallelität der Erklärungen an den Leiter der Versammlung betont[196]. Einigkeit besteht über die Empfangsbedürftigkeit der Willenserklärung[197].

Der Beschluß kommt in der Regel durch mehrere inhaltlich übereinstimmende Willenserklärungen zustande. Die Zahl kann aber auf eine Stimme zusammenschrumpfen. Im anderen Extremfall kann er durch die Übereinstimmung aller Stimmen bedingt sein. Das Mehrheitsprinzip ist die Regel, aber nicht begriffsnotwendig[198]. Die Legitimation des Mehrheitsprinzips wird heute nicht mehr im Wesen des Körperschaftsbeschlusses als Manifestation eines einheitlichen Gesamtwillens ge-

---

[192] Das Majoritätsprinzip ist nur die Regel: *v. Tuhr* I § 36 IV; *v. Gierke*, DPrR I, S. 501; *Lehmann / Hübner* § 25 I 2 c.

[193] BGHZ 14, 264 (267); *Baltzer* S. 142; *Bartholomeyczik*, ZHR 105, 293 (294); *Winnefeld*, DB 1972, 1053 (1054); *Enneccerus / Nipperdey* § 146 IV; *Sorgel / Schultze-v. Lasaulx* § 32 Rdn. 31; *Manigk*, Das rechtswirksame Verhalten, S. 340; *A. Hueck*, oHG, S. 179; ders., Anfechtbarkeit, S. 120; *Würdinger*, AktR, S. 66; *Zöllner* in Kölnere Komm. AktG § 133 Rdn. 24; a. A. *Brodmann* § 252 Anm. 1 d.

[194] *Baltzer* S. 147.

[195] *Manigk*, Das rechtswirksame Verhalten, S. 340; *A. Hueck*, oHG, S. 164; *Barz* in Großkomm. AktG § 119 Anm. 15; vgl. *v. Tuhr* II § 53 IV und I § 36 IV. *Hueck* und *Manigk* erkennen auch Willenserklärungen an den Leiter der Versammlung an, jedoch nur als Vertreter der Mitglieder.

[196] *Baltzer*, S. 148; *Bartholomeyczik*, ZHR 105, 293 (297) und zwar als Vertreter der juristischen Person; *Enneccerus / Nipperdey* § 146 IV; *Lehmann / Hübner* § 25 I 2 c; *Staudinger / Coing* § 32 Rdn. 28; *Würdinger*, AktR, S. 132; *Zöllner* in Kölner Komm. AktG § 133 Rdn. 27.

[197] *Baltzer*, S. 147; *Bartholomeyczik*, ZHR 105, 293 (296).

[198] Siehe oben Fn. 192.

sucht[199], sondern auf die Verfassung als Grundnorm zurückgeführt. Indem das Mitglied die Verfassung akzeptiert, fügt es sich der Mehrheitsherrschaft[200]. Zugleich zieht aber die Grundnorm der Geltung des Mehrheitsprinzips seine Grenzen. Sie zu bestimmen wird indes dadurch erschwert, daß diese Grundnorm selbst der Änderung durch Mehrheitsbeschluß unterworfen ist.

III. Das Beschlußergebnis

Das Beschlußergebnis ist die aus dem kollektiven Willensakt durch den Beschlußprozeß entstandene einheitliche Aussage. Damit stellt sich die Frage, zwischen welchen Rechtssubjekten der Beschluß seine Rechtswirkungen entfaltet.

Der Beschluß, der eine Handlung der Organe vorbereitet, begründet eine rechtliche Pflicht der Organwalter. Berechtigter ist die juristische Person aufgrund ihrer Vermittlerfunktion für die internen Rechtsbeziehungen. Dementsprechend muß auch das Beschlußergebnis der juristischen Person zugerechnet werden[201]. Entsprechendes gilt auch für Beschlüsse, deren Ziel sich in körperschaftsinternen Rechtsbeziehungen erschöpft, z. B. für die Bestellung des Aufsichtsrates.

Die Vorstellung, daß das Beschlußergebnis der juristischen Person zugerechnet wird, bereitet Schwierigkeiten bei Beschlüssen, die keine Rechtsbeziehungen mit einzelnen Personen herstellen, sondern die den gemeinsamen Rechtskreis der Mitglieder gestalten. Dazu gehören die verfassungsändernden Beschlüsse. Die Zurechnung erweckt den Anschein, als gestalte die juristische Person selbst durch einen einseitigen Willensakt die Beziehungen zu ihren Mitgliedern, denen sie doch zu dienen bestimmt ist. Die Vorstellung von der Zurechnung mag zu Fehlbeurteilungen führen, wenn sie nicht nur als rechtstechnisches Mittel verstanden wird, um die Rechtsbeziehungen zu ordnen, sondern wenn damit auch die Gestaltung der Verfassung als Aufgabe der juristischen Person selbst und nicht ihrer Mitglieder im Rahmen ihres Organs, der Hauptversammlung, gesehen wird.

IV. Vertretung

In den Fällen, in denen der Beschluß nicht der Vorbereitung einer nach außen gerichteten Organhandlung dient, stellt sich die Frage, wer

---

199 *v. Gierke*, DPrR, S. 501, Fn. 25.

200 *v. Tuhr* II § 53 IV; *Manigk*, Privatautonomie, S. 112; ders., Das rechtswirksame Verhalten, S. 340; *Würdinger*, AktR, S. 131.

201 *Bartholomeyczik*, ZHR 105, 293 (318); *Baltzer* S. 50 f. *Wolff* (II S. 246) spricht von doppelter Zurechnung vom Organverwalter an das Organ und von diesem an die juristische Person. Das erscheint aber im Hinblick auf die mangelnde Rechtsfähigkeit der Organe nicht sinnvoll.

den der juristischen Person zuzurechnenden Willen ausführt. Gemäß § 78 AktG vertritt der Vorstand die Gesellschaft. Dabei ist allerdings in erster Linie an die Vertretung Dritten gegenüber gedacht. Ist die juristische Person aber auch Anknüpfungspunkt für interne Rechtsbeziehungen, so muß sie auch insofern handlungsfähig sein.

In der Literatur wird für einzelne körperschaftliche Maßnahmen die Hauptversammlung als Vertretungsorgan angesehen, so für die Bestellung und Abberufung des Aufsichtsrates, aber auch für die Gewinnverwendung und die Auflösung[202]. Andererseits werden aber auch körperschaftliche Maßnahmen dem § 78 AktG unterstellt. So faßt Mertens das rechtsgeschäftliche Handeln gegenüber Aktionären und Organmitgliedern als Fall der Vertretung im Sinne des § 78 AktG auf[203]. Die schützende Wirkung der Unbeschränkbarkeit der Vertretungsmacht sei auch bei körperschaftlichen Rechtsbeziehungen geboten. Meyer-Landrut will dagegen den Grundsatz der unbeschränkten Vertretungsmacht in körperschaftsrechtlichen Angelegenheiten nicht anwenden[204].

Zumindest bei Hauptversammlungsabschlüssen, die nicht noch einer weiteren Ausführungshandlung bedürfen, erscheint es überflüssig, die Vertretung einem besonderen Organ zu übertragen. Zur Bestellung des Aufsichtsrates durch einen Beschluß der Hauptversammlung bedarf es nicht noch der Handlung des Vorstandes. Ebenso wird bei Hauptversammlungsbeschlüssen zur Vorbereitung von Maßnahmen der Körperschaft dem handelnden Organ gegenüber unmittelbar eine körperschaftsinterne Regelung getroffen. Indes gibt es auch im körperschaftsinternen Bereich Geschäftsführungsaufgaben bei denen der Vorstand sowohl willensbildendes wie vertretendes Organ ist.

V. Die Rechtsnatur des Beschlusses

1. Der Beschluß als Rechtsgeschäft

Im neueren Schrifttum besteht weitgehend Einigkeit darüber, daß der Beschluß als Rechtsgeschäft zu qualifizieren ist[205], wobei das Rechtsgeschäft als Tatbestand gekennzeichnet wird, der eine oder mehrere

[202] RGZ 68, 172 (179); *Geßler / Hefermehl* § 78 Rdn. 3. *Bartholomeyczik* (ZHR 105, 293 [316 f.]) sieht den Leiter der Versammlung bei Hauptversammlungsbeschlüssen als ein die juristische Person vertretendes Organ an.

[203] In Kölner Komm. AktG § 78 Rdn. 4 f.; dabei unterscheidet er jedoch nicht z. B. zwischen dem körperschaftsrechtlichen Widerruf einer Organbestellung und der Kündigung des schuldrechtlichen Anstellungsvertrages.

[204] In Großkomm. AktG § 82 Anm. 10.

[205] BGHZ 14, 264 (267); *v. Tuhr* I § 35 III a. E.; *Bartholomeyczik,* ZHR 105, 243 (300); *Baltzer* S. 117; *Enneccerus / Nipperdey* § 146 I und IV; *Lehmann / Hübner* § 24 III; *Soergel / Schultze-v. Lasaulx* § 32 Rdn. 29; *Staudinger / Coing* § 32 Rdn. 28; *Barz* in Großkomm. AktG § 119 Anm. 13; *Zöllner* in Kölner Komm AktG § 133 Rdn. 13.

Willenserklärungen enthält und von der Rechtsordnung als Grund für den Eintritt der als gewollt bezeichneten Rechtsfolgen anerkannt ist[206].

Soweit die rechtsgeschäftliche Natur abgelehnt wird, weil auch bei der natürlichen Person der nicht erklärte Wille kein Rechtsgeschäft sei[207], wird verkannt, daß die Gesellschaft auch intern rechtlich organisiert ist. Die Stimmen sind in diesem Rahmen rechtsgeschäftliche Willenserklärungen, die als solche auch nicht der juristischen Person zugerechnet werden.

Der Grund für den Eintritt der als gewollt bezeichneten Rechtsfolge liegt dagegen nicht allein in den abgegebenen Stimmen, einerlei ob man die Auffassung vertritt, die Stimmen aller Versammlungsteilnehmer trügen den Beschluß[208] oder nur die Stimmen der zustimmenden Mitglieder[209]. Die rechtliche Wirkung des Beschlusses folgt aus dem körperschaftlichen Grundverhältnis[210]. Dennoch ist der Beschluß nicht rein tatsächlicher Akt. Er ist ein Rechtsgeschäft, weil er von dem Willen getragen wird, der auf das Zusammenspiel von Grundverhältnis und inhaltlicher Konkretisierung durch Beschluß gerichtet ist[211].

Umstritten ist ferner, ob der Beschluß als einseitiges oder mehrseitiges Rechtsgeschäft zu verstehen ist. Letzteres wird vielfach damit begründet, daß er stets aus mehreren Willenserklärungen entstehe[212]. Bartholomeyczik weist auf das Begriffliche dieser Ansicht hin und zeigt, daß es für die Anwendbarkeit der Vorschriften über einseitige Rechtsgeschäfte darauf ankommt, daß die Rechtswirkungen ohne Zutun der Betroffenen eintreten. Diese Interessenlage sei bei der Stimmabgabe dieselbe. Der Beschluß könne deshalb als gemeinsames einseitiges Rechtsgeschäft gekennzeichnet werden[213].

---

206 *Enneccerus / Nipperdey* § 145 II; ähnlich *v. Tuhr* I § 34 I; *Lehmann /* Hübner § 24 III; *Flume*, AT, S. 23 ff.

207 KG NJW 1959, 1446 (1447); RGZ 122, 367 (369); *Schmidt* in: Hachenburg, Kommentar zum Gesetz betreffend die Gesellschaft mit beschränkter Haftung, 6. Aufl., Berlin 1959, § 45 Anm. 8.

208 *Baltzer* S. 144.

209 *Bartholomeyczik*, ZHR 105, 293 (303 ff.).

210 *Bartholomeyczik*, ZHR 105, 293 (306); vgl. *Winnefeld*, DB 1972, 1053 (1055).

211 Ähnlich kann *Baltzer* (S. 144) verstanden werden, wenn er sagt, der Wille richte sich darauf, sich an der kollektiven Organaktion zu beteiligen und dadurch eine Entscheidung des Kollektivs über den Antrag herbeizuführen, der alle Beteiligten bindet.

212 *Baltzer* S. 178; *v. Tuhr* I § 36 IV.

213 *Bartholomeyczik*, ZHR 105, 293 (331); für einseitiges Rechtsgeschäft auch *Würdinger*, AktR, S. 132; *Staudinger / Coing* § 32 Rdn. 28; die Kritik *Lukes* (S. 274) geht zu Unrecht davon aus, daß der Beschluß nicht entscheidend durch den Tatbestand der juristischen Person geprägt wird.

2. *Die Abgrenzung von Beschluß und Vertrag*

Die Einordnung des Beschlusses als Vertrag hat nur wenige Anhänger gefunden. Zur Begründung wird vor allem auf die Unmöglichkeit hingewiesen, Abgrenzungskriterien zu finden[214]. In der Tat sind die vielen Kriterien, die für die Abgrenzung erdacht worden sind, nicht überzeugend. Beim Vertrag stünden sich die Beteiligten mit entgegengerichteten Interessen gegenüber, die im Vollzug der Einigung ausgeglichen würden, dem Beschluß dagegen lägen gemeinsame Interessen zugrunde[215], eine Aussage, die bereits oben[216] widerlegt wurde. Der Vertrag binde nur die Vertragsparteien, während dem Beschluß das Majoritätsprinzip zugrunde liege, so daß auch Abwesende und Überstimmte gebunden seien[217]. Auch darin allein liegt kein befriedigendes Abgrenzungskriterium, verschmilzt es doch beide Begriffe in dem Fall, daß für den Beschluß Einstimmigkeit erforderlich ist. Beim Vertrag würden gegenseitige Willenserklärungen ausgetauscht, beim Beschluß sei der Adressat der Erklärungen der Versammlungsleiter[218]. Auch dieser Unterschied erscheint nicht grundlegend, handelt es sich doch nur um die Erklärungstechnik. Dabei könnte der Versammlungsleiter als Empfangsvertreter angesehen werden, wie dies auch bei vertraglichen Erklärungen denkbar ist.

Der Beschluß wurde auch als Gesamtakt bezeichnet[219]. Dem kann grundsätzlich zugestimmt werden, sofern der Begriff des Gesamtaktes auf körperschaftliche Rechtsgeschäfte beschränkt wird und nicht zugleich so andersartige Rechtskonstruktionen wie die Gesamtvertretung mit umfaßt[220]. Nachdem jedoch körperschaftliche Rechtsgeschäfte wie die Gründung und der Beitritt als Verträge erkannt sind, verbleibt für den Begriff des Gesamtaktes lediglich der körperschaftliche Beschluß. Er ist deshalb entbehrlich.

---

[214] Vgl. auch *Müller-Erzbach* S. 153; *Esser*, 2. Aufl., S. 700; 4. Aufl., Bd. 2, S. 281: nur der einstimmige Schluß; *Würdinger*, GesR I, S. 57 zu Recht für den Beschluß der Personalgesellschaft, anders AktR, S. 132.

[215] *v. Tuhr* § 53 IV; *Würdinger*, AktR, S. 131; *Soergel / Schultze-v. Lasaulx* § 32 Rdn. 29; *Winnefeld*, DB 1972, 1053 (1056).

[216] S. 53.

[217] *v. Tuhr* I § 36 IV; *Staudinger / Coing* § 32 Rdn. 28; Würdinger, AktR, S. 131, *Müller-Henneberg* in Gemeinschaftskommentar § 1 GWB Rdn. 32.

[218] *v. Tuhr* I § 36 IV; *Staudinger / Coing* § 32 Rdn. 28; *Winnefeld*, DB 1972, 1053 (1056). *v. Tuhr* widerspricht sich jedoch, wenn er auch einen Austausch der Erklärungen für möglich hält, falls der Beschluß nicht in einer Versammlung gefaßt wird.

[219] *Ruth*, ZHR 88, 454 (483 ff.).

[220] Siehe oben bei Fn. 80; *Ruth* (ZHR 88, 454 (484)) beschränkt den Begriff auf körperschaftliche Rechtsgeschäfte.

3. *Stellungnahme*

Die Schwierigkeiten, die die Beschreibung des Beschlusses bereiten, sind in der Weite des Begriffes zu suchen. Dem Beschluß der Gesellschafter der bürgerlich-rechtlichen Gesellschaft und dem der Mitglieder einer Körperschaft sind im wesentlichen nur die Funktion gemeinsam, die Willensübereinstimmung einer Personenmehrheit festzustellen. Er wird verfahrensmäßig dadurch gekennzeichnet, daß die Erklärung inhaltlich vorbereitend festgelegt ist und durch bloßes „ja" zum Erklärungsinhalt wird. Dementsprechend übt derjenige, der die Erklärung vorformuliert, einen tatsächlichen Einfluß auf ihren Inhalt aus. Kennzeichnend sind die Ansichten Würdingers, der den Beschluß im Rahmen der Personalgesellschaft als Vertrag einordnet, ihn im Rahmen des Aktienrechts aber als Gegensatz zum Vertrag versteht[221]. Damit ist zugleich angedeutet, daß der Begriff so unterschiedliche Rechtsakte umfaßt, daß sie nicht einheitlich bewertet werden können.

Für den körperschaftlichen Beschluß ist entscheidend, daß er seine Wirkung nur aufgrund und im Rahmen der Grundbeziehung entfalten kann. Diese Aufspaltung in zunächst vertraglich geregelte Grund- und durch Beschluß begründete Ausführungsbeziehung beruht auf den praktischen Gesichtspunkten, die der Komplexität und dem unterschiedlichen Gewicht körperschaftlicher Beziehungen sowie der von ihrer Dauer geforderten Flexibilität Rechnung tragen. Auch die Verbindlichkeit des Mehrheitsbeschlusses ist nicht dem Beschluß als solchem immanent, sondern beruht auf der Grundbeziehung. Schrumpfen die für einen wirksamen Beschluß erforderlichen Stimmen auf eine zusammen, so verleiht das Grundverhältnis dem Mitglied die Macht, allein nach seinem Willen Rechtsfolgen herbeizuführen. Daraus wird deutlich, daß der Beschluß den gestaltenden Rechtsgeschäften ähnlich ist. Der Extremfall zeigt, daß der Beschluß nicht als Vertrag gesehen werden kann. Zugleich ist dem körperschaftlichen Beschluß eigentümlich, daß durch ihn begründete Rechtsbeziehungen der Körperschaft zugerechnet werden und nicht den am Beschluß Beteiligten.

VI. Die aus der Rechtsnatur des Beschlusses abgeleiteten Rechtsfolgen

1. *Folgen für die Stimmabgabe*

Aus der Natur der Stimme als Willenserklärung folgt die Anwendbarkeit der allgemeinen Vorschriften über Willenserklärungen. Als empfangsbedürftige Willenserklärung ist sie nach § 116 Satz 2 BGB bei einem geheimen Vorbehalt nichtig, wenn der Leiter der Versammlung

---

[221] GesR I, S. 56 f. gegenüber AktR, S. 131.

ihn kennt (§ 166 Abs. 1 BGB)[222]. Uneinigkeit herrscht bei der Frage, ob es auf das Einverständnis des Versammlungsleiters oder aller Mitglieder für die Nichtigkeit einer Scheinerklärung ankommt (§ 117 Abs. 1 BGB)[223]. Anerkannt ist, daß die Stimmen nach §§ 119, 123 BGB grundsätzlich und zwar der Körperschaft gegenüber anfechtbar sind, da sie ihre Selbständigkeit nicht im Beschlußprozeß verlieren und insbesondere auch nicht der juristischen Person zugerechnet werden[224]. § 122 BGB gewähre der Körperschaft einen Ersatzanspruch, wenn sie auf die Wirksamkeit der Stimme vertraut habe[225]. Andererseits kann die Stimme nicht unter einer Bedingung abgegeben werden, da ihre Funktion im Beschlußprozeß Gewißheit über ihren Bestand erfordert[226], ein Ergebnis, das sich auch aus der gestaltenden Wirkung der Stimme ergibt.

2. Folgen für das Beschlußergebnis

a) Von der Anwendung der Vorschriften über Willensmängel (§ 116—123 BGB) auf die einzelne Stimme ist deren Anwendung auf das Beschlußergebnis zu unterscheiden. Der Streit, ob der Beschluß als solcher wie eine Willenserklärung anfechtbar ist, wird mit der Einordnung des Beschlußergebnisses als Willenserklärung oder als deren Ablehnung begrifflich geführt[227]. Entscheidend ist indes, daß die Regelung des Bürgerlichen Gesetzbuches von einem natürlichen Willen ausgeht, der auch nicht durch einen der juristischen Person zuzurechnenden Willensakt ersetzt werden kann. Die juristische Person kann sich nicht irren und kann nicht durch Täuschung oder Drohung bestimmt werden, da ihr die psychischen Voraussetzungen dafür fehlen. Dementsprechend liegen auch die Voraussetzungen der Anfechtung nicht in der Person der Körperschaft, sie kann und braucht nicht anzufechten, und es bedarf deshalb für die Anfechtung auch keines Beschlusses der Hauptversammlung. Nach BGB anfechtbar kann deshalb nur die einzelne Stimmabgabe sein.

---

222 *Bartholomeyczik*, ZHR 105, 293 (296 ff.).

223 *Bartholomeyczik*, ZHR 105, 293 (298); *v. Tuhr I* § 36 IV.

224 BGH NJW 1952, 98 (99); BGHZ 14, 264 (267); *Bartholomeyczik*, ZHR 105, 293 (294); *Baltzer* S. 152; *Würdinger*, AktR, S. 66; *A. Hueck*, oHG, S. 180; ders., Anfechtbarkeit, S. 120; *Manigk*, Das rechtswirksame Verhalten, S. 340; *Barz* in Großkomm. AktG § 119 Anm. 15; *Zöllner* in Kölner Komm. AktG § 133 Rdn. 25.

225 *Bartholomeyczik*, ZHR 105, 293 (298); vgl. *A. Hueck*, oHG, S. 180. Dagegen wendet sich *Barz* (in Großkomm. AktG § 119 Anm. 15, a. E.), der in den vom Aktiengesetz begrenzten Anfechtungsgründen einen ausreichenden Schutz der Gesellschaft und Dritter sieht.

226 *Baltzer* S. 150; *Staudinger / Coing* § 32 Rdn. 22 b; *Würdinger*, AktR, S 66.

227 Für die Anfechtbarkeit: vgl. *v. Gierke*, Genossenschaftstheorie, S. 634; *A. Hueck*, Anfechtbarkeit, S. 122; dagegen: *Baltzer* S. 181; *Bartholomeyczik*, ZHR 150, 293 (320); *Soergel / Schultze-v. Lasaulx* § 32 Rdn. 20.

Für den Hauptversammlungsbeschluß der Aktiengesellschaft enthalten zudem die §§ 241 ff. AktG eine Sonderregelung, durch die nach überwiegender Auffassung eine Anfechtung nach bürgerlichem Recht mit der Folge der Nichtigkeit des Beschlusses (§ 142 Abs. 1 BGB) ausgeschlossen ist[228]. Die Rechtsfolgen der Fehlerhaftigkeit eines Hauptversammlungsbeschlussese können danach in dessen Nichtigkeit (§ 241 f AktG) oder Anfechtbarkeit (§ 243 ff. AktG) bestehen. Damit kann die Nichtigkeit auch nicht unmittelbar auf die §§ 134, 138 BGB gestützt werden[229]. Mängel, die den einzelnen Stimmen anhaften, kommen nur als Anfechtungsgründe im Sinne des § 243 AktG in Betracht.

Selbst wenn einzelne Stimmen wirksam angefochten worden sind, so leidet das Beschlußergebnis nur dann an einem die Anfechtung begründenden Mangel, wenn dadurch die erforderliche Mehrheit unterschritten ist; nur dann sind Gesetzes- oder Satzungsbestimmungen, die das Mehrheitserfordernis enthalten, im Sinne des § 243 Abs. 1 AktG verletzt[230].

Soweit ersichtlich, wurde die Frage, ob die Anfechtbarkeit von Hauptversammlungsbeschlüssen unter bestimmten Voraussetzungen ausgeschlossen sein kann, bisher nicht untersucht. Insbesondere beim satzungsändernden Beschluß wird eine Parallele zur Satzungsfeststellung nicht gezogen[231], obgleich sie sich vom dogmatischen Ansatzpunkt her aufdrängen würde. Die fehlerhaft geänderte Satzung löst sich vom Willensakt der Mitglieder ebenso wie die neu festgelegte Satzung von dem der Gründer[232]. Wegen der kurzen Anfechtungsfristen (§ 246 Abs. 1 AktG) wird das Bedürfnis für eine Einschränkung auch gering sein, es fehlt jedoch nicht völlig, wie der Streit um die Wirkungen des nichtigen Kapitalerhöhungsbeschlusses zeigt. Bei der Untersuchung dieser Fragen bewahrt sich die Wissenschaft mehr Beweglichkeit, indem sie sie im Zusammenhang der Beschränkung der Wirkungen eines nichtigen oder vernichteten Hauptversammlungsbeschlusses löst[233].

Aber auch die Wirkungen der Nichtigkeit von Hauptversammlungsbeschlüssen sind weitgehend ungelöst. Überwiegend wird eine Nichtig-

---

228 BGHZ 14, 264 (267); *Würdinger,* AktR, S. 66; *Baumbach / Hueck* § 119 Rdn. 3; *Barz* in Großkomm. AktG § 119 Anm. 15; *Zöllner* in Kölner Komm. AktG § 133 Rdn. 20; *Winnefeld,* DB 1972, 1053 (1055); a. A. *v. Godin / Wilhelmi* § 119 Anm. 9; in diesem Zusammenhang wird gelegentlich *Schmidt* in Großkomm. AktG, 2. Aufl. 1961, § 103 Anm. 10 fälschlich zitiert.

229 *Baumbach / Hueck* Vor § 241 Rdn. 3; *Zöllner* in Kölner Komm. AktG § 133 Rdn. 16; gleiches gilt für die Erklärung unter Vorbehalt (§ 116 Satz 2 BGB) und das Scheingeschäft (§ 117 Abs. 1 BGB), vgl. *Zöllner* in Kölner Komm. AktG § 133 Rdn. 20.

230 *A. Hueck,* Anfechtbarkeit, S. 121.

231 *Wiedemann* in Großkomm. AktG § 179 Anm. 14.

232 Vgl. oben S. 39.

233 Siehe unten Fn. 238.

keit von Anfang an vertreten, die insbesondere A. Hueck mit einer entsprechenden Anwendung des § 142 BGB begründet[234]. Für die Wirkung der Nichtigkeit auf weitere Rechtsakte, die auf dem nichtigen Beschluß beruhen, wird unterschieden. In der Schwebezeit abgeschlossene schuldrechtliche Verträge mit Dritten werden durch die Anfechtung nicht berührt[235]. Rechtsbeziehungen, deren unmittelbare Wirkung sich auf den internen Kreis der Körperschaft beschränken, sollen das Schicksal des Beschlusses teilen[236]. Schwierigkeiten bereiten die Fälle, in denen das durch den nichtigen Beschluß mittelbar betroffene Rechtsgeschäft den Dritten erst in den körperschaftlichen Bereich einbezieht. Die Bestellung eines Vorstandes durch den Aufsichtsrat, dessen Wahl erfolgreich angefochten wurde, wird als wirksam angesehen[237]. Dagegen soll der Inhaber der aufgrund nichtigen Kapitalerhöhungsbeschlusses ausgegebenen Aktien nach herrschender Auffassung nicht die vollen Rechte und Pflichten erwerben[238].

Die Lösung wird in einer Abwägung der Interessen der Anfechtenden gegenüber den Interessen derjenigen zu suchen sein, die auf den Bestand der Regelung vertraut haben, seien es die Mitglieder, Organwalter oder Gläubiger der Aktiengesellschaft. Dabei ist die Unterscheidung in Innen- und Außenverhältnis nur bedingt sinnvoll, denn auf grund der Verselbständigung der juristischen Person als rechtstechnischer Anknüpfungspunkt und organisatorische Einheit und der entsprechend generalisierten Ausgestaltung der Innenbeziehungen muß deren Wertung der von Außenbeziehungen angenähert werden. Außerdem wird sich der Schutz Außenstehender nicht in allen Fällen entsprechend § 277 Abs. 3 AktG erreichen lassen. Insbesondere bei fehlerhaft geänderten verfassungsrechtlichen Bestimmungen ist zu berücksichtigen, daß sie vielfache soziale Beziehungen tatsächlich gestalten[239].

---

[234] *A. Hueck*, Anfechtbarkeit, S. 196 ff.; *Würdinger*, AktR, S. 142; *Baumbach / Hueck* § 248 Rdn. 4; *Schilling* in Großkomm. AktG § 248 Anm. 4; teilweise a. A. *v. Godin / Wilhelmi* § 248 Anm. 5.

[235] *Würdinger*, AktG, S. 143; *Schilling* in Großkomm. AktG § 248 Anm. 5; *v. Godin / Wilhelmi* § 248 Anm. 8; vgl. differenzierter *A. Hueck*, Anfechtbarkeit, S. 197 ff., *Baumbach / Hueck* § 248 Rdn. 6, § 241 Rdn. 3.

[236] *Schilling* in Großkomm. AktG § 248 Anm. 5.

[237] *Würdinger*, AktR, S. 143; a. A. offensichtlich *Schilling* in Großkomm. AktG § 248 Anm. 6 i. V. m. Anm. 5.

[238] Für Nichtigkeit: RGZ 144, 138 (141); *A. Hueck*, Anfechtbarkeit, S. 220; *Würdinger*, AktR, S. 167; *Baumbach / Hueck* § 191 Rdn. 4; *Wiedemann* in Großkomm. AktG § 191 Anm. 5; *Lutter* in Kölner Komm. AktG § 191 Rdn. 5; ein Gläubigerschutz wird allerdings durch entsprechende Anwendung des § 277 Abs. 3 AktG erreicht; a. A. *Müller-Erzbach* S. 169; *Schlegelberger / Quassowski* § 149 AktG 1937, Anm. 10.

[239] Vgl. die Begründung der Lehre von der fehlerhaften Personalgesellschaft oben Fn. 131. Die Geltung dieser Lehre ist von der Rechtssprechung auch für das Innenverhältnis anerkannt: RGZ 165, 193 (203); BGHZ 8, 157 (168); in der Literatur konnte sich diese Ansicht noch nicht voll durchsetzen, vgl. *Staudinger / Geiler* § 705 Rdn. 37.

b) Auch für die Frage, ob dem Widerruf eines Beschlusses § 130 Abs. 1 BGB entgegensteht, ist mit dem Hinweis auf die Rechtsnatur des Beschlusses wenig gewonnen[240]. Es wird vielmehr darauf ankommen, ob der Beschluß durch Beurkundung wirksam geworden ist, ob er den Partnern der entstehenden Rechtsbeziehungen zugegangen ist und schließlich darauf, ob deren Vertrauen in den Beschluß schützenswert ist. Vor der abschließenden Beurkundung ist ein Vertrauen indes in keinem Falle gerechtfertigt. Beschlüsse, die sich zur Vorbereitung des Handelns der Körperschaft an einen Organwalter richten, sind widerrufbar, auch wenn sie ihm zugegangen sind, da er kein schützenswertes Vertrauen am Bestand des Beschlusses hat. Der Widerruf hat durch erneuten Beschluß zu erfolgen. Bei Satzungsänderungen fehlt es vor der Eintragung an einem schützenswerten Vertrauen. Der Beschluß kann widerrufen werden und verhindert eine Änderung der Satzung, auch wenn er dennoch eingetragen wird[241].

c) Für die Auslegung von körperschaftlichen Beschlüssen muß ähnliches gelten wie für den Gründungsakt. In der Literatur werden zur Auslegung ganz überwiegend nur solche Umstände herangezogen, die sich aus dem Beschluß selbst ergeben. Insbesondere Vorgänge in der Hauptversammlung werden nicht berücksichtigt[242]. Zöllner befürwortet darüber hinaus die Berücksichtigung des Willens der Hauptversammlung, ähnlich der historischen Interpretation von Gesetzen[243]. Eine Unterscheidung zwischen Innen- und Außenverhältnis — wie sie v. Godin/Wilhelmi[244] treffen wollen — scheint dagegen nicht sinnvoll, denn der Hauptversammlungsbeschluß hat nur Innenwirkung. Wird er durch den Vorstand in ein Rechtsgeschäft mit einem Dritten umgesetzt, so ist nicht ersichtlich, warum nicht der der Aktiengesellschaft zuzurechnende Wille des Organwalters uneingeschränkt berücksichtigt werden sollte, auch wenn er durch Umstände beeinflußt wurde, die sich nicht aus dem Wortlaut des Beschlusses ergeben.

d) Schließlich wird in der Literatur und Rechtsprechung einhellig die Vermutung des § 139 BGB auch auf Beschlüsse angewandt[245]. Die An-

---

240 So aber *Bartholomeyczik,* ZHR 105, 293 (324).

241 *Zöllner* in Kölner Komm. AktG § 133 Rdn. 109 ff.; vgl. *Barz* in Großkomm. AktG § 119 Anm. 16.

242 RGZ 108, 322 (326); 146, 146 (154); *Würdinger,* AktR, S. 132; *Baumbach / Hueck* § 119 Rdn. 4; *Barz* in Großkomm. AktG § 119 Anm. 14.

243 *Zöllner* in Kölner Komm. § 133 Rdn. 23.

244 *v. Godin / Wilhelmi* § 119 Anm. 11.

245 RGZ 118, 218 (221); 140, 174 (177); 146, 385 (394); *Bartholomeyczik,* ZHR 105, 293 (324); *Baltzer* S. 151; *A. Hueck,* Anfechtbarkeit, S. 221; *Zöllner* im Kölner Komm. AktG § 133 Rdn. 18; die gegenteilige Ansicht *Winnefelds,* DB 1972, 1053 (1056) dürfte wohl nur ein Formulierungsfehler sein, denn er stützt sich auf den Wortlaut *Bartholomeycziks,* ZHR 105, 293 (324).

sicht setzte sich allerdings ohne ersichtlichen Grund in Widerspruch zur herrschenden Meinung beim Gründungsakt[246].

[246] Siehe oben Fn. 141.

§ 6. Die körperschaftsrechtlichen Unternehmenszusammenfassungen

A. Der Streit um die Rechtsnatur der Unternehmensverträge

I. Die ersten Einteilungen der Unternehmenszusammenfassungen: Haussmann, Kronstein

Haussmann[247] stellte als erster ein System der Unternehmenszusammenfassung auf, indem er zwischen dinglichen und vertraglichen unterschied. Auf dieser Grundlage differenzierte Kronstein die Systematik. Die dinglichen Zusammenfassungen verdeutlichte er als stimmliche und neben der vertraglichen Abhängigkeit hob er die Möglichkeit der organisatorischen Abhängigkeit hervor. Darunter verstand Kronstein eine körperschaftliche Bindung, die im Statut geregelt sein mußte[248]. Diese Einteilung vermengt den materiellen Gesichtspunkt der Abhängigkeit durch Änderung der Organisation oder durch schuldvertragliche reine Außenbeziehung und den formalen Gesichtspunkt des Rechtsgeschäftstypes, durch den die Abhängigkeit begründet wird. Damit wurde die Erkenntnis verhindert, daß auch die vertraglichen Absprachen die Organisation berühren können, und die vertragliche Abhängigkeit wurde in den schuldrechtlichen Bereich abgedrängt[249]. In der Praxis wurde indes die vertragliche Regelung als Instrument der Unternehmenszusammenfassung — gestützt auf die Vertragsfreiheit — sehr weit ausgedehnt, ohne die völlig unklaren Grenzen zwischen Schuldrecht und Körperschaftsrecht zu beachten. Gerade ihrer Flexibilität wegen wurde sie gegenüber der stimmlichen und organisatorischen Zusammenfassung bevorzugt.

Damit war die Frage um die Einordnung der Abhängigkeitsverträge vorgezeichnet. Sie war zugleich mit dem Meinungsstreit um die Zulässigkeit unternehmenszusammenfassender Verträge verknüpft[250]. Wäh-

---

247 Grundlegung, S. 106 ff.

248 Abhängige juristische Person, S. 7.

249 Kronstein selbst deutet an, daß eine Abhängigkeit, die zur Änderung des Gegenstandes der Gesellschaft führt, in die Gruppe der organisatorischen hinüberspielt (abhängige juristische Person, S. 46 f.). Er unterscheidet jedoch nicht scharf zwischen Regelungen, die einem Schuldvertrag zugänglich sind und solchen, die organisatorische Änderungen erfordern, vgl. S. 49 einerseits und S. 51 f. andererseits.

250 Vgl. zur Zulässigkeit des Organschaftsvertrages mit Ergebnisausschlußklausel: *Duden,* BB 1957, 49 ff. und *Würdinger,* AktR, 1. Aufl. 1959, S. 210, die

rend die Frage nach der Zulässigkeit ihre Bedeutung weitgehend verloren hat, nachdem der Gesetzgeber in den §§ 291 ff. AktG 1965 die unternehmenszusammenfassenden Verträge geregelt hat, ist die Rechtsnatur dieser Verträge noch nicht abschließend geklärt.

II. Die Diskussion bis zur Regelung der Verträge im AktG 1965

Bei den Untersuchungen der Rechtsnatur standen vor allem die Weisungsverträge — in der Regel in der Form eines Organschaftsvertrages[251] — und die Gewinnabführungsverträge im Vordergrund. Sie wurden zunächst unbestritten als obligatorische Verträge angesehen[252]. Der Organschaftsvertrag mit Ergebnisausschlußvereinbarung wurde als Geschäftsbesorgungsvertrag bezeichnet[253]. Einer fruchtbringenden Diskussion der Rechtsnatur stand im Wege, daß von den Formen der Zusammenfassung ausgegangen und die Besonderheiten der getroffenen Regelungen kaum beachtet wurden, verursacht durch die Einteilung Kronsteins in stimmliche, organisatorische und vertragliche Zusammenfassungen. Die Einteilung setzte die Regelung in der Form eines Vertrages mit einer nicht organisatorischen gleich, das heißt, mit der ausschließlichen Regelung von Beziehungen der Gesellschaft mit ihren Vertragspartnern, ohne daß die organisatorischen Grundlagen der Gesellschaft hätten berührt werden sollen. Dem Vertrag wurde, wenngleich auch unausgesprochen, nicht die Kraft zugestanden, die interne Organisation des einen Vertragspartners umzugestalten, die Verfassung zu ändern, ohne daß sich dies in der Satzungsurkunde ausgedrückt hätte. In der Praxis griffen die Verträge — vor allem unter dem Einfluß des Steuerrechts — jedoch weit in die organisatorischen Grundlagen der abhängigen Gesellschaft ein.

Bedenken an der schuldrechtlichen Natur der unternehmenszusammenfassenden Verträge äußerte Ballerstedt[254] und spaltete den Gewinngemeinschaftsvertrag in einen schuldrechtlichen und einen gesellschaftsrechtlichen Teil auf. In einer von Flume begonnenen Diskussion wurde

---

den Vertrag wegen Verstoßes gegen §§ 52, 54 AktG 1937 für unzulässig halten; a. A. *Erlinghagen* S. 104 ff. (139); *Ballerstedt,* DB 1957, 837; *A. Hueck,* DB 1959, 223; *Schilling* in Großkomm. AktG, 2. Aufl., 1965, § 256 Anm. 11.

[251] Zum Begriff des Organschaftsvertrages vgl. *Erlinghagen* S. 4 f. und S. 13. Er soll hier in seinem Sinne benutzt werden, als Verpflichtung der einen Vertragspartei, ihr Unternehmen im eigenen Namen, aber auf Weisung und im Interesse des herrschenden Unternehmens zu führen.

[252] *Hamburger,* Organschaftsvertrag, S. 266; *Kronstein,* abhängige juristische Person, S. 46. Vgl. darüber hinaus die bei *Sapper* S. 47 Fn. 14 zitierte Literatur.

[253] *Hamburger,* Organgesellschaft, S. 272; *Haussmann,* Grundlegung, S. 113; ders., Unternehmenszusammenfassungen, S. 109; *Kronstein,* abhängige juristische Person, S. 104; *Rasch,* Konzernrecht, 2. Aufl., 1955, S. 85.

[254] Kapitel, S. 165.

die Rechtsnatur als einheitlich gesellschaftsrechtlich herausgearbeitet[255]. Dabei sah Flume das Außergewöhnliche dieses Rechtsverhältnisses in der Aufgabe des Eigenlebens der abhängigen Gesellschaft, die als „nuda persona" nur noch instrumentum des Organträgers sei[256]. Auch Ballerstedt ordnete nunmehr den Organschaftsvertrag dem Gesellschaftsrecht zu. Das entscheidende Merkmal sah er in der Änderung der internen Struktur, insbesondere der Regelungen für die Bestimmung des Willens der Gesellschaft und für die Orientierung der Geschäftsführung an den Interessen der Gesellschaft[257]. Diese Gedanken führte Würdinger fort, indem er den Begriff des Organisationsvertrages, den er für den Gründungsakt der Personalgesellschaften geschaffen[258] und auch für die Kennzeichnung der Satzungsfeststellung benutzt hatte, auf die unternehmenszusammenfassenden Verträge übertrug. Er grenzte die Organisationsverträge dadurch von den schuldrechtlichen Verpflichtungsgeschäften ab, daß sie nicht die juristische Person von außen her verpflichteten, sondern die Organe innerhalb der Gesellschaft gleich der Gesellschaftssatzung bänden. Sie ergänzten die Satzung. Sie gewährten keine subjektiven Rechte, sondern regelten die organisatorischen Grundlagen der Gesellschaft. Subjektive Rechte und Pflichten ergäben sich erst aus der Tatbestandserfüllung der durch den Vertrag in Kraft gesetzten objektiven Normen. Diese entbehrten einer causa, die die ihnen entspringenden Rechte und Pflichten konkretisieren und begrenzen könnte. Diese Merkmale weise auch der Unterwerfungsvertrag unter die Leitungsmacht der Konzernspitze, der Gewinnabführungs- und Substanzkoppelungsvertrag auf. Sie seien deshalb ihrer Rechtsnatur nach Organisationsverträge[259].

III. Die Beherrschungs- und Gewinnabführungsverträge des Aktiengesetzes von 1965

Dem Beherrschungs- und dem Gewinnabführungsvertrages des AktG 1965 wird heute übereinstimmend eine verfassungsändernde Wirkung zugesprochen. Sie wird teilweise als materielle Verfassungsänderung derart verstanden, daß die Gesellschaft von einem Grundtyp in einen unselbständigen Ausnahmetyp gewandelt wird, indem sie aufhört, das Unternehmen selbständig zu betreiben oder es ausschließlich für Rechnung der Aktionäre zu führen[260]. Deutlicher wird die Änderung der Ver-

[255] *Flume,* DB 1955, 485 ff. — noch unter dem Gesichtspunkt der Zulässigkeit solcher Verträge; *Flume,* DB 1956, 455 (456); *Ballerstedt,* DB 1956, 813 ff., 837 ff.; *Ballerstedt,* DB 1957, 837 ff.; *Flume,* DB 1959, 190 ff.

[256] *Flume,* DB 1956, 455 (456).

[257] *Ballerstedt,* DB 1956, 813 (815).

[258] GesR I, S. 42.

[259] *Würdinger,* AktR, 1. Aufl., 1959, S. 207; vgl. auch *Rehbinder,* S. 77.

[260] *Sapper* S. 96 und 121 f.; *Baumbach / Hueck* § 291 Rdn. 3; *Biedenkopf / Koppensteiner* in Kölner Komm. AktG § 291 Rdn. 20.

fassung, indem die Aktiengesellschaft sich ihrer eigenen Willensbildung oder ihres Gewinnes begibt. Der Vertrag derogiert damit ansonsten zwingende organisatorische Grundsätze[261]. Für diese beiden Vertragstypen hat sich deshalb im Anschluß an Würdinger die Auffassung vom Organisationsvertrag durchgesetzt[262].

IV. Schuldrechtliche Unternehmensverträge

Auch wenn die Beherrschungs- und Gewinnabführungsverträge als körperschaftsrechtlich gekennzeichnet sind, so ist nach wie vor nicht völlig geklärt, ob Unternehmen durch schuldrechtliche Verträge zusammengefaßt werden können, ob zum Beispiel Betriebspacht- und Betriebsüberlassungsverträge schuldrechtlichen Charakter haben. Diese Verträge unterscheiden sich von den zuvor genannten dadurch, daß nicht die Körperschaft selbst, sondern nur deren Unternehmen einem anderen Unternehmen zugeordnet wird. Vielfach wird der Zweck der Gesellschaft in dem eigenen Betrieb eines Unternehmens zur Gewinnerzielung für die Aktionäre gesehen[263]. Ist dieser Zweck aber Teil der Verfassung, wenn auch nicht der Satzung[264], so hat der Vertrag, mit dem ein Unternehmen verpachtet wird, verfassungsändernden Charakter, es sei denn, man erkenne als eigenes Unternehmen nunmehr die Verpachtung des Unternehmens an. Dann ändert der Vertrag indes den Gegenstand des Unternehmens[265].

Dennoch werden die Verträge des § 292 AktG in aller Regel als schuldrechtlich qualifiziert[266]. Eine Lösung für die Beschränkung des § 292 AktG auf schuldrechtliche Verträge hat Fikentscher angedeutet, indem er § 291 Abs. 1 Satz 2 AktG weit interpretiert[267].

---

[261] *Biedenkopf / Koppensteiner* in Kölner Komm. AktG § 291 Rdn. 20; *Emmerich / Sonnenschein* S. 30; *Müller,* AG 1965, 133 (135); *Würdinger,* AktR, S. 281.

[262] *Würdinger,* AktR, S. 282; ders. in Großkomm. AktG § 291 Anm. 1 f.; ders. in FS Schmidt S. 290 f.; *Emmerich / Sonnenschein* S. 76; *Flume,* DB 1959, 190 (195); *Koppensteiner* S. 154; *Kropff,* BB 1965, 1281 (1282); *Luchterhand* S. 61 ff.; *Müller,* AG 1965, 133 (137); *Rehbinder* S. 77; *Sapper* S. 121; vgl. auch *Baumbach / Hueck* § 291 Rdn. 3; *Biedenkopf / Koppensteiner* in Kölner Komm. AktG § 291 Rdn. 20; *Geßler* § 291 Rdn. 24.

[263] *Baumbach / Hueck* § 291 Rdn. 3; *Würdinger,* AktR, S. 267.

[264] Zum Streit, ob der Zweck Bestandteil der Satzung ist, vgl. ablehnend *Baumbach / Hueck* § 291 Rdn. 3; *Sapper* S. 116 f.; *Würdinger,* AktR, S. 267; a. A. *Müller,* AG 1965, 133 (135); *Zöllner* in Kölner Komm. AktG § 179 Rdn. 17.

[265] Vgl. *Zöllner* in Kölner Komm. AktG § 179 Rdn. 17.

[266] Begr. Reg. E. zu § 292 bei *Kropff* S. 378; *Bälz* S. 304; *Biedenkopf / Koppensteiner* in Kölner Komm. AktG § 292 Rdn. 8; *Würdinger,* AktR, S. 245; ders. in Großkomm. § 292 Einl. C; *Geßler* § 292 Rdn. 4.

[267] Interessengemeinschaft, S. 26.

B. Stellungnahme

I. Die Interessenstruktur

Die besondere Interessenstruktur bei den Unternehmensverbindungen ist zugleich die Grundlage des aktienrechtlichen Unternehmensbegriffes[268]. Betätigt sich ein Aktionär noch in anderem Zusammenhang unternehmerisch, so wird seinem eigenen Erwerbsinteresse nicht nur durch das Erwerbsinteresse der Aktiengesellschaft gedient, sondern auch durch eine Unterstützung seiner anderen unternehmerischen Tätigkeit. Sofern sich dieses Interesse durchsetzen kann, gefährdet es den durch das Erwerbsinteresse der Aktiengesellschaft erreichten Ausgleich zwischen den vielfältigen in der Gesellschaft zusammengefaßten Einzelinteressen. Dasselbe gilt, wenn Nicht-Aktionären ein entsprechender Einfluß möglich ist.

Dieser Gefahr kann auf zwei Wegen begegnet werden. Das Recht kann anordnen, daß die Maßnahmen der Aktiengesellschaft an einem Erwerbsinteresse als formalem Eigeninteresse ausgerichtet werden. Es kann aber auch die Wandlung des formalen Eigeninteresses in ein Unterstützungsinteresse zulassen und die Wahrung der darüber hinaus in der Aktiengesellschaft relevanten Interessen vom Eigeninteresse lösen und gesondert sichern. Der erste Weg bildet den Ausgangspunkt für die Regelung des sogenannten faktischen Konzerns (§§ 311 bis 318 AktG)[269]. Der zweiten Lösung entspricht die Regelung des Beherrschungs- und Gewinnabführungsvertrages im Hinblick auf das Erwerbsinteresse der außenstehenden Aktionäre, das durch den Ausgleichsanspruch gewahrt wird (§ 304 AktG). Auch beim Beherrschungsvertrag bleibt aber das Interesse der Aktionäre an der Erhaltung der Vermögenssubstanz und das Gläubigerinteresse an ein zu diesem Zweck aufrechterhaltenes und gesichertes (§§ 300 bis 302 AktG) formales Eigeninteresse der Aktiengesellschaft gebunden[270].

II. Das Unternehmen

In der Literatur wird vielfach darauf hingewiesen, daß im Konzern die Unternehmen zu einer neuen Einheit zusammengefaßt werden[271].

---

[268] Vgl. *Baumbach / Hueck* § 15 Rdn. 3 ff.; *Biedenkopf / Koppensteiner* in Kölner Komm. AktG § 15 Rdn. 5 ff.; *Geßler* § 15 Rdn. 11 ff.; *Würdinger* in Großkomm. AktG Vor § 15 Anm. II; jeweils mit ausführlichen weiteren Nachweisen.

[269] Die gesetzliche Regelung führt diesen Grundsatz jedoch nicht konsequent durch. Zu den daraus entstehenden Schwierigkeiten vgl. *Mestmäcker,* FS Kronstein, S. 129 (139 ff.); *Emmerich / Sonnenschein* S. 145 f.; *Würdinger* in Großkomm. AktG § 311 Anm. 5 ff.; *Biedenkopff / Koppensteiner* in Kölner Komm. AktG Vor § 311 Rdn. 4 ff.

[270] Vgl. DJT-Konzernrecht Tz. 709; *Erlinghagen* S. 114.

[271] *Isay* S. 97; *Emmerich / Sonnenschein* S. 35; *Harms* S. 23; *Köhler,* JZ 1953, 713 (717); *Mestmäcker,* Verwaltung, S. 303 ff.; *Rehbinder* S. 50 ff.

Ausgangspunkt für diese Frage ist die Definition eines Unternehmensbegriffes[272]. Hier soll indes kein erneuter Versuch gemacht werden, den Begriff zu umgrenzen, vielmehr sollen die Bemühungen der Rechtsprechung und Literatur nur als Hinweis auf einzelne Aspekte des Unternehmens dienen. Die rechtswissenschaftlichen Arbeiten über einen Unternehmensbegriff hatten zum Ziel, einen einheitlichen rechtlichen Begriff zu finden, der zunächst vornehmlich am Unternehmensschutz und der Unternehmensübertragung funktional orientiert war. So wurde das Unternehmen als Inbegriff von Vermögensbestandteilen[273], als eine auf Erwerbstätigkeit gerichtete Organisation der Produktionsmittel oder Absatzgelegenheiten[274], von Isay als das geistige Band, das die materiellen Dinge zusammenhält[275] oder konkreter von Oppikofer als Organisation von Arbeitskräften und Wirtschaftsgütern[276] beschrieben. Neben diese weitgehenden objektiven Begriffsbestimmungen setzte Jacobi das subjektive Unternehmen, das durch eine auf Dauer gerichtete Betätigung eines Menschen zur Verfolgung eines über die Tätigkeit hinausgehenden Zwecks gekennzeichnet sei[277]. Obgleich sich schließlich die Erkenntnis durchsetzte, daß es einen einheitlichen Begriff für die vielfältigen gesetzlichen Tatbestände nicht geben kann[278], wurde dennoch der Versuch nicht aufgegeben, einen Begriff für das Unternehmen der Erscheinungswelt zu definieren, um damit einen Oberbegriff für die Unternehmensbegriffe der verschiedenen Einzelgesetze zu schaffen[279]. In späteren Definitionen eines materiellen Unternehmensbegriffes rückten mehr und mehr dynamische Elemente in den Vordergrund. So beschrieb J. v. Gierke das Unternehmen als Betriebstätigkeit, als den dadurch geschaffenen Tätigkeitsbereich und als eine personenrechtliche Betriebsgemeinschaft[280]. Köhler betonte die Wirtschafseinheit, die durch den privaten Träger wirtschaftlicher Planungs- und Entscheidungsgewalt geschaffen werde[281]. Insbesondere bei der Definition des Begriffes im

[272] Dieser allgemeine Unternehmensbegriff ist von dem durch seine besondere Funktion bestimmten aktienrechtlichen Unternehmensbegriff zu unterscheiden.

[273] *v. Ohmeyer,* Kamillo: Das Unternehmen als Rechtsobjekt. Wien 1906, S. 8 ff.

[274] *Pisko,* Oskar: Das Unternehmen als Gegenstand des Rechtsverkehrs. Wien 1907.

[275] S. 23.

[276] *Oppikofer,* Hans: Das Unternehmensrecht in geschichtlicher, vergleichender und rechtspolitischer Betrachtung. Tübingen 1927, S. 9.

[277] *Jacobi,* Erwin: Betrieb und Unternehmung als Rechtsbegriffe. in: Festschrift der Leipziger Juristenfakultät für Victor Ehrenberg, Leipzig 1923, S. 1 ff. (3).

[278] Vgl. etwa *Harms* S. 92.

[279] Vgl. *Ballerstedt,* JZ 1951, 486.

[280] *v. Gierke,* Julius: Das Handelsunternehmen. ZHR 111 S. 1 ff.

[281] JZ 1953, 713 (716); vgl. auch *Brecher* S. 121 f.

Zusammenhang mit der Erscheinung des Konzerns wurde dem unternehmerischen Willen eine zentrale Bedeutung beigemessen[282].

Als wesentliche Aspekte des Unternehmens können damit zusammenfassend genannt werden: erstens die Organisation von Sachen und Rechten zu einem wirtschaftlichen Zweck, unabhängig von der Frage des Eigentums und der Inhaberschaft, zweitens die Organisation von Arbeitskräften, drittens der einheitliche unternehmerische Wille, der an einem einheitlichen Gewinninteresse ausgerichtet ist und viertens die tatsächlichen und rechtlichen Beziehungen.

Da die rechtlichen Beziehungen nur zu einem Rechtssubjekt bestehen können, legt der letzte Aspekt des Unternehmens es nahe, Rechtsträger und Unternehmen gleichzusetzen und die Zuordnung eines Unternehmens zu mehreren Rechtssubjekten abzulehnen[283]. In der Literatur wird jedoch überwiegend dem Rechtssubjekt keine die Unternehmenseinheit bestimmende Bedeutung beigemessen[284]. Zu Recht wird in den Rechtsbeziehungen und dem Rechtsträger kein derart bestimmendes Moment für die wirtschaftliche und soziologische Erscheinung gesehen, daß ein von der Rechtseinheit absehender materieller Unternehmensbegriff ohne rechtlich relevante Aussage bliebe.

Das soziologische Gebilde Unternehmen ist für die rechtliche Wertung erheblich, weil die den Rechtsbeziehungen zugrundeliegenden Interessen sich nicht auf den Rechtsträger, sondern eben auf das Unternehmen richten. Deshalb wurde auch vorgeschlagen, das Unternehmen als solches zu verfassen[285] oder das Unternehmen selbst zum Rechtssubjekt zu erheben[286]. Das geltende Recht ist jedoch einen anderen Weg gegangen. Es läßt die Verschmelzung von mehreren Unternehmen durch Beherrschungsvertrag und Eingliederung zu einer neuen Unternehmensein-

---

282 *Kronstein,* abhängige juristische Person, S. 4; *Maurer,* Hans: Das Persönlichkeitsrecht der juristischen Person bei Konzern und Kartell. Zürich 1953, S. 30; *Mestmäcker,* Verwaltung, S. 303; *v. Nell-Breuning* S. 56; *Rehbinder* S. 74 f. Der Begriff unterscheidet sich dadurch vom Begriff „Betrieb", der eine arbeitstechnische Einheit bezeichnet. *Harms* S. 90; *v. Nell-Breuning* S. 47 f.; Rehbinder S. 72. Vgl. auch *Duden,* FS Schilling, S. 309 (313), der auf den sozialen Verband hinweist.

283 *Ulmer,* Peter: Der Unternehmensbegriff im Vertrag der Europäischen Gemeinschaft für Kohle und Stahl. Heidelberg 1960, S. 40 f. und 103 ff.; ebenso EuGH in RS 17 und 20/61, Sammlung der Rechtsprechung des Gerichtshofes, Bd. VIII S. 653 (687 ff.) und in RS 19/61, ebenda, Bd. VIII S. 717 (750 f.); *Raisch,* Peter: Geschichtliche Voraussetzungen, dogmatische Grundlagen und Sinneswandlungen des Handelsrechts. Karlsruhe 1965, S. 185, für die Anknüpfung der Normen des HGB; vgl. *Enneccerus / Nipperdey* § 133 I.

284 *Harms* S. 95; *Köhler,* JZ 1953, 713 ff.; *Kronstein,* abhängige juristische Person, S. 5 und 107; *Mestmäcker,* Verwaltung, S. 303; *v. Nell-Breuning* S. 56; vgl. auch *Dietz,* Rolf: Betriebsverfassungsgesetz, Kommentar. 4. Aufl., München usw. 1967, § 1 Rdn. 40; *Rehbinder* S. 75 spricht von mehrstufiger Einheit.

285 *Köhler,* JZ 1953, 713 ff.; *v. Nell-Breuning* S. 47 ff.

286 *Th. Raiser* S. 165 ff.

heit zu, die zwei oder mehreren Unternehmensträgern zugeordnet ist[287]. Daraus entsteht das zentrale Problem des Konzernrechts, daß formaler Zuordnungspunkt und materieller Bezugspunkt der Rechtsbeziehungen und Interessen nicht mehr identisch sind. Aufgabe des Konzernrechts ist es deshalb, die formal einem der mehreren Rechtsträger zugeordneten Rechtsbeziehungen in eine interessengerechte Beziehung zu dem Unternehmen zu bringen. Das gilt sowohl für die Aktiengesellschaft als Anknüpfungspunkt für Rechtsbeziehungen mit Dritten als auch für ihre Funktion als Unternehmensorganisation.

III. Die wesentlichen durch den Beherrschungsvertrag geschaffenen Rechtsbeziehungen

Zweck des Beherrschungsvertrages ist eine Änderung der Leitungsorganisation. Die Aktiengesellschaft unterstellt die Leitung der Gesellschaft selbst, nicht nur die ihres Unternehmens, dem herrschenden Unternehmen. Dieses erwirbt die Berechtigung, dem Vorstand der Aktiengesellschaft Weisungen zu erteilen (§§ 291 Abs. 1, 308 Abs. 1 Satz 1 AktG) und damit in die Willensbildung der Gesellschaft einzugreifen. Die Literatur erkennt darin zu Recht einen Wandel der Verfassung[288]. Dennoch wird die Beziehung zwischen Weisungsgeber und Weisungsempfänger unterschiedlich verstanden.

Von geringerer organisatorischer Integration geht eine Auffassung aus, die bei der abhängigen Gesellschaft von Geschäftsführung nach Fremdwillen spricht[289]. Die Pflicht, die Weisung zu befolgen (§ 308 Abs. 2 AktG), bestehe der herrschenden Gesellschaft gegenüber und sei durch gerichtlich durchsetzbare Erfüllungs- und Schadenersatzansprüche sanktioniert[290].

Eine andere Ansicht versteht das Weisungsrecht als konsequente verfassungsmäßige Integration. Die beherrschte Gesellschaft handle nach eigenem Willen, lediglich der Willensbildungsprozeß sei umgestaltet worden und nunmehr fremdbestimmt[291]. Die Befolgungspflicht bestehe nicht dem herrschenden Unternehmen, sondern der eigenen Gesellschaft gegenüber[292].

---

[287] *Bälz* S. 320 ff. spricht von polykorporativem Unternehmen. Vgl. *Isay* S. 97.

[288] *Mestmäcker*, FS Kronstein, S. 135; *Erlinghagen* S. 110; *Müller*, AG 1965, 133 (135); *Geßler* § 291 Rdn. 20.

[289] *Sapper* S. 82.

[290] *Biedenkopf / Koppensteiner* in Kölner Komm. AktG § 308 Rdn. 26; *Geßler* § 308 Rdn. 22.

[291] *Ballerstedt*, DB 1956, 813 (815).

[292] *Würdinger* in Großkomm. AktG § 308 Anm. 6; auch schon AktR, 1. Aufl. 1959, S. 208.

Nur dieses zweite Verständnis zieht die Konsequenzen aus der Erkenntnis, daß dem Beherrschungsvertrag nichts Schuldrechtliches anhaftet. Es widerspräche der in sich geschlossenen körperschaftlichen Verfassung der Aktiengesellschaft, wenn ein außerhalb der Gesellschaft stehender Dritter unmittelbare Wirkungen in diesem Verfassungsbereich hervorrufen könnte[293]. Das herrschende Unternehmen ist jedoch gleich einem Organ in die abhängige Aktiengesellschaft eingegliedert. Diese Stellung wird noch dadurch unterstrichen, daß die Weisung dem Vorstand und nicht der abhängigen Aktiengesellschaft erteilt wird. Außenstehende Dritte treten nur mit der durch die Organe vertretenen Aktiengesellschaft, nicht mit ihren Organen selbst in Beziehung.

Seinem Inhalt nach ist das Weisungsrecht einem Gestaltungsrecht vergleichbar. Die Weisung konkretisiert ähnlich einer Satzungsbestimmung über den Gegenstand des Unternehmens die Pflichten der Organe.

Durch den Beherrschungsvertrag wird wie durch den Gewinnabführungsvertrag die Vermögensverfassung der Aktiengesellschaft geändert (§§ 291 Abs. 3 i. V. m. 57, 58, 60 AktG). Das Gesetz läßt diese das herrschende Unternehmen begünstigende Verfassungsänderung nur zu, wenn dieses andererseits eine Reihe von Verpflichtungen eingeht, die nunmehr den Schutz der Gläubiger übernehmen müssen und die die Interessen der außenstehenden Aktionäre wahren sollen. So hat der Partner des Beherrschungsvertrages einen entstehenden Jahresfehlbetrag auszugleichen (§ 302 AktG), er hat die Aktien außenstehender Aktionäre auf dessen Verlangen gegen eine angemessene Abfindung zu erwerben (§ 305 AktG), den verbleibenden außenstehenden Aktionären eine angemessene Ausgleichszahlung zu leisten (§ 304 AktG) und seine gesetzlichen Vertreter sind für die Beachtung der Sorgfalt bei der Erteilung von Weisungen der abhängigen Gesellschaft gegenüber verantwortlich. Diesen Pflichten wird in der Literatur in aller Regel schuldrechtliche Natur zugesprochen[294].

Die Verlustausgleichspflicht (§ 302 AktG) besteht zwar individuell zwischen der beherrschenden Aktiengesellschaft und dem herrschenden Unternehmen, ist jedoch durch das Entstehen eines Verlustes tatbestandlich bedingt und damit zugleich mit der Vermögensverfassung der Aktiengesellschaft verknüpft. Inhalt der Pflicht ist eine Leistung, aber auch dem Körperschaftsrecht sind Leistungspflichten nicht fremd, wie der Vergleich mit der Nebenleistungspflicht und der Einlagepflicht

---

[293] *Kronstein,* abhängige juristische Person, S. 9.

[294] Verlustausgleichspflicht: *Würdinger* in Großkomm. AktG § 302 Anm. 8; *Geßler* § 305 Rdn. 8. Abfindung: *Würdinger* in Großkomm. AktG § 305 Anm. 1; *Biedenkopf / Koppensteiner* in Kölner Komm. AktG § 305 Anm. 1; Optionsvertrag zugunsten Dritter. Ausgleichszahlung: *Würdinger,* FS Schmidt, S. 291; AktR, 1. Aufl. 1959, S. 208; *Sapper* S. 125; *Geßler* § 304 Rdn. 26.

zeigt[295]. Anders als schuldrechtliche Leistungspflichten beruht die Verlustausgleichspflicht jedoch nicht auf einem außerhalb der Verpflichtung bestehenden Schuldgrund. Auch wenn die Verlustausgleichspflicht das herrschende Unternehmen nicht als Mitglied trifft, sie deshalb nicht als Durchgriff gesehen werden kann, so ist sie doch der Einlagenpflicht ähnlich. Nach jeder Entstehung eines Verlustes füllt sie das Vermögen der Körperschaft wieder auf die Höhe des um die Rücklagen vermehrten Grundkapitals auf.

Von diesem Ausgangspunkt sind auch die Problemlösungen zu finden. Ein vertraglicher Erlaß oder Verzicht ist grundsätzlich unzulässig, denn er würde die durch den Beherrschungsvertrag lediglich beschränkte Vermögensbindung durchbrechen (vgl. §§ 302 Abs. 3 und 66 Abs. 1 Satz 1 AktG). Ebenso ist eine Aufrechnung gegen die Verlustausgleichsforderung grundsätzlich unzulässig (analog § 66 Abs. 1 Satz 2 AktG)[296]. Die Verlustausgleichspflicht steht zwar in einem engen Zusammenhang mit der Lockerung der Vermögensbindung, dennoch aber nicht im Gegenseitigkeitsverhältnis zum Weisungsrecht, so daß die Befolgung einer Weisung nicht mit dem Hinweis auf den noch ausstehenden Ausgleich des Verlustes verweigert werden darf[297]. Auch das herrschende Unternehmen ist grundsätzlich nicht berechtigt, die Erfüllung der Verlustausgleichspflicht wegen eines Zurückbehaltungsrechtes zu verweigern[298]. Der Anspruch auf Verlustausgleich wird wie der Anspruch auf die Einlage für unabtretbar gehalten, sofern er nicht gegen eine gleichwertige Gegenleistung abgetreten wird[299].

Bei der Abfindungsregelung (§ 305 AktG) ist zwischen dem Recht, abgefunden zu werden, und der durch Ausübung dieses Rechts entstehenden Rechtsbeziehung zu unterscheiden. Das Abfindungsrecht ist als generell bestimmtes Recht den typischen verfassungsrechtlichen Regelungen ähnlich, besteht jedoch unmittelbar zwischen dem Aktionär und dem herrschenden Unternehmen und wird somit nicht durch die abhängige juristische Person vermittelt. Dennoch ist es körperschaftlicher Rechtsnatur[300], da es die Mitgliedschaft ausgestaltet. Das Abfindungsrecht steht als Option jedem Mitglied und nur diesem zu und hat seine

---

[295] Zur Nebenleistungspflicht: *Würdinger,* AktR, S. 43; *Lutter* in Kölner Komm. AktG § 55 Rdn. 10; vgl. *Barz* in Großkomm. AktG § 55 Anm. 4. Zur Einlagenpflicht: vgl. *Baumbach / Hueck* § 54 Rdn. 6.

[296] Vgl. *Baumbach / Hueck* § 66 Rdn. 8.

[297] *Sapper* S.132; *Biedenkopf / Koppensteiner* in Kölner Komm. AktG § 291 Anm. 21; a. A. *Geßler* § 291 Rdn. 25.

[298] Vgl. *Baumbach / Hueck* § 66 Rdn. 10.

[299] So *Biedenkopf / Koppensteiner* in Kölner Komm. AktG § 302 Rdn. 19, mit der Begründung, die Abtretung sei als Umgehung des § 302 Abs. 3 AktG nichtig (§ 134 BGB); vgl. *Baumbach / Hueck* § 66 Rdn. 7 und § 50 Rdn. 6.

[300] Siehe oben Fn. 188.

Grundlage in der durch den Beherrschungsvertrag in Kraft gesetzten Verfassung. Es ist entbehrlich, darin einen echten Vertrag zugunsten Dritter zu sehen[301]. Der konkrete Anspruch auf Abfindung entsteht durch den Abschluß eines Kauf- oder Tauschvertrages zwischen dem Aktionär und dem herrschenden Unternehmen. Damit werden die Rechte und Pflichten individualisiert und von der Mitgliedschaft gelöst. Die Rechtsbeziehung wird aus dem körperschaftlichen in den Bereich gläubigerrechtsähnlicher Wertrechte entlassen, ein Vorgang, der bei dem Dividendenanspruch eine Parallele findet[302].

Schließlich ist auch die Ausgleichszahlung (§ 304 AktG) eine körperschaftliche Rechtsbeziehung zwischen dem Aktionär und dem herrschenden Unternehmen, die insoweit in den Kreis des Verfassungsrechts einbezogen worden ist[303]. Die Auffassung als Vertrag zugunsten Dritter wird auch den Besonderheiten dieser Rechtsbeziehung nicht gerecht[304]. Die individualrechtliche Ausgestaltung der Rechte des Dritten in der Regelung der §§ 328 ff. BGB widersprechen verfassungsrechtlichen Grundsätzen. Der Ausgleichsanspruch ist unlösbar mit der Mitgliedschaft verbunden und kann nicht etwa durch Zurückweisung nach § 333 BGB als nicht erworben gelten. Andernfalls wäre der Aktie einer beherrschten Gesellschaft die Verkehrsfähigkeit geraubt. Die Beziehung zwischen dem herrschenden Unternehmen und der Aktiengesellschaft ist auch nicht dem schuldrechtlichen Deckungsverhältnis des bürgerlich-rechtlichen Vertrages zugunsten Dritter vergleichbar. Darüber hinaus zeigt das Erfordernis des Sonderbeschlusses nach § 297 Abs. 2 Satz 1 AktG, daß es sich hier um eine körperschaftliche Rechtsbeziehung handelt. Ein auf einem schuldrechtlichen Vertrag beruhendes Recht kann nicht durch Mehrheitsbeschluß der Berechtigten aufgegeben werden. Schließlich kann auch das Verfahren zur Erhöhung der Ausgleichszahlung oder der Abfindung (§§ 306 Abs. 2, 99 Abs. 5 AktG)[305] nur aus verfassungsrechtlicher Natur dieses Rechtes zutreffend erfaßt werden. Das Gericht setzt die angemessene Ausgleichszahlung oder Abfindung fest, die damit das Mitgliedschaftsrecht ausgestaltet, die alle

---

[301] So *Biedenkopf / Koppensteiner* in Kölner Komm. AktG § 305 Rdn. 1.

[302] BGHZ 7, 263 (264); 23, 150 (154); *Baumbach / Hueck* § 58 Rdn. 20; *Lutter* in Kölner Komm. AktG § 58 Rdn. 40 ff.; *Barz* in Großkomm. AktG § 58 Anm. 32; zum Begriff „gläubigerrechtsähnliches Wertrecht" vgl. *Soergel / Schultze-v. Lasaulx* § 38 Rdn. 18.

[303] *Biedenkopf / Koppensteiner* in Kölner Komm. AktG § 304 Rdn. 5; *Koppensteiner* S. 313 f.; *Luchterhand*, Dt. Konzernrecht, S. 135; a. A. *v. Godin / Wilhelmi* § 304 Anm. 2, Anspruchsgegner sei die beherrschente Gesellschaft; *Würdinger* in Großkomm. AktG § 304 Anm. 17 f. läßt dem Beherrschungsvertrag beide Möglichkeiten zur Gestaltung offen.

[304] So aber *Würdinger* in Großkomm. AktG § 304 Anm. 17; ders., AG 1972, 13 (14).

[305] Vgl. *Rasch*, Aktuelle Probleme, S. 15 m. w. N.; *Meilicke / Meilicke*, ZGR 1974, 296 ff.

Aktionäre bindet, einerlei ob sie an der Abstimmung über den Beherrschungsvertrag teilgenommen oder dagegen gestimmt haben und die auch bei der Übertragung unlösbar mit der Mitgliedschaft verbunden bleibt.

IV. Die Rechtsbeziehung zwischen herrschendem Unternehmen und abhängiger Gesellschaft

Dem unterschiedlichen Verständnis der einzelnen Rechtsbeziehungen entsprechend, läßt sich auch die Gesamtbeziehung des herrschenden Unternehmens zur abhängigen Aktiengesellschaft unterschiedlich beurteilen. Während dem herrschenden Unternehmen einerseits eine Stellung außerhalb der Körperschaft zugewiesen werden kann[306], bezeichnet die herrschende Lehre es insbesondere im Hinblick auf seine Weisungsbefugnis als Organ der Aktiengesellschaft und drückt damit seine Einbeziehung in die Organisation der abhängigen Gesellschaft aus[307].

Aus der vorangegangenen Darstellung ergibt sich, daß jedenfalls der schlichte, auf den gesetzlichen Rahmen beschränkte Beherrschungsvertrag keine schuldrechtlichen Beziehungen unmittelbar begründet, sondern daß die Rechtsbeziehungen rein verfassungsrechtlichen Charakter haben. Der Anspruch der Aktionäre der abhängigen Gesellschaft, die einen Beherrschungsvertrag mit einer Aktiengesellschaft schließt, auf Abfindung in deren Aktien (§ 305 Abs. 2 Nr. 1 AktG), greift zwar ausnahmsweise in die innere Struktur auch dieser Gesellschaft ein, jedoch nicht stärker als der Erwerb und die Veräußerung eigener Aktien. Solche Rechtsgeschäfte werden von der Rechtspraxis — vom Gesetz anerkannt (§ 71 AktG) — wie rein externe Beziehungen behandelt[308]. Sie bergen auch nicht die einer Kapitalerhöhung unter Ausschluß eines Bezugsrechtes immanente Gefahr einer Verschiebung der internen Machtverhältnisse und durchlöchern die Vermögensbindung nur in einem durch Gesetz begrenzten Rahmen. Können die Abfindungsansprüche nicht auf diesem Wege befriedigt werden, so bedarf es zusätzlich eines Kapitalerhöhungsbeschlusses.

---

[306] Für den Organschaftsvertrag vgl. *Ballerstedt*, DB 1957, 837.

[307] *Biedenkopf / Koppensteiner* in Kölner Komm. AktG § 291 Rdn. 20, obgleich sie den einzelnen Rechtsbeziehungen obligatorische Natur zusprechen; *Kropff*, BB 1965, 1281 (1287); vgl. auch *Kronstein*, abhängige juristische Person, S. 9 und 39. Von einem Organ des Konzerns zu sprechen (*Emmerich / Sonnenschein* S. 76) verschleiert die organisatorische Struktur der verfassungsmäßigen Unternehmensverbindung, denn der Konzern besteht als organisatorischer Anknüpfungspunkt nicht. *Würdinger* sieht in dem herrschenden Unternehmen zwar kein Organ (FS Schmidt, S. 292), hält es aber doch für gesellschaftsrechtlich einbezogen (AktR, 1. Aufl. 1959, S. 207); ähnlich *Sapper* S. 67 und S. 144.

[308] Der Zustimmungsbeschluß wird deshalb als Zustimmung zu einem bedeutenden aber körperschaftsexternen Rechtsgeschäft gewertet. *Baumbach / Hueck* § 293 Rdn. 6; vgl. Begr. Reg. E. zu § 293 bei *Kropff* S. 381.

Auch wenn das beherrschte Unternehmen wirtschaftlich dem herrschenden untergeordnet ist, so wird dies doch durch eine rechtliche Konstruktion erreicht, die umgekehrt das herrschende Unternehmen in die innere Organisation der beherrschten Aktiengesellschaft eingliedert. Die Zusammenfassung von Unternehmen und Unternehmensträgern ist gegensätzlich organisiert.

V. Die Struktur der Beziehung zwischen den Unternehmen vor Abschluß des Beherrschungsvertrages

Die gesetzlichen Voraussetzungen für den Abschluß eines Beherrschungsvertrages geben Auskunft über die strukturelle Beziehung zwischen zukünftig herrschendem Unternehmen und der Aktiengesellschaft, von der das Gesetz ausgeht.

Der Beherrschungsvertrag wird zwar in der Praxis in aller Regel zwischen Unternehmen abgeschlossen, die bereits mitgliedschaftlich verbunden sind. Das hat im Gesetz auch seinen Niederschlag in der Regelung des Ausgleichs und der Abfindung gefunden. Sie kann aber nicht dahin gedeutet werden, das Gesetz ginge von einer derartigen Mitgliedschaft aus[309]. Die Regelung für „außenstehende Aktionäre" vermeidet nur den ungerechtfertigten Formalismus, den eine auf alle Aktionäre bezogene Regelung bedeuten würde.

Eine solche mitgliedschaftliche Beziehung ist nicht erforderlich. Es kommt allein auf die Zustimmung einer qualifizierten Stimmenmehrheit an (§ 293 Abs. 1 AktG). Die Beteiligung erleichtert lediglich rein faktisch, die Mehrheitsschranke zu überwinden. Der strukturellen Ausgestaltung nach ist das künftig herrschende Unternehmen Dritter. Erst durch den Beherrschungsvertrag tritt es in eine verfassungsrechtliche Beziehung zur Aktiengesellschaft.

VI. Die gesetzliche Ausgestaltung des Beherrschungsvertrages

Nach der gesetzlichen Regelung des Beherrschungsvertrages bedarf es für eine wirksame Verfassungsänderung eines Vertrages zwischen der zu beherrschenden Aktiengesellschaft und dem zukünftig herrschenden Unternehmen und des Zustimmungsbeschlusses der Hauptversammlung der zu beherrschenden Gesellschaft (§§ 291 Abs. 1, 293 AktG). Ist der andere Teil eine Aktiengesellschaft, so muß auch deren Hauptversammlung zustimmen (§ 293 Abs. 2 AktG). Der Vertrag wird erst mit der Eintragung in das Handelsregister wirksam (§ 294 Abs. 2). Die gesetzliche Ausgestaltung stellt den Vertrag weit in den Vordergrund, in seiner Wirksamkeit lediglich durch weitere Voraussetzungen bedingt.

---

[309] Zum Vorschlag die beiden Fälle gesondert zu regeln vgl. *Flume,* DB 1959, 190 (195).

Das ist vor allem aus der Entstehungsgeschichte des Rechtsinstituts zu erklären. Zweck der von der Praxis entwickelten unternehmenszusammenfassenden Verträge war es gerade, die Flexibilität der vertraglichen Regelungen fruchtbar zu machen, und als Vertragspartner eignet sich die Körperschaft, deren Mitgliedern ein störender Einfluß abgeschnitten werden konnte. Erst das Aktiengesetz von 1937 führte in § 256 ein Zustimmungserfordernis ein. Der Gesetzgeber hatte damit ausdrücklich nicht versucht, „das Verhältnis zwischen Mutter- und Tochtergesellschaft von Grund auf zu klären und gesetzlich zu regeln“[310], sondern nur die Aktionäre zu schützen. Die Vorschrift entschied deshalb auch nicht, ob die Zustimmung wegen der Bedeutung des Rechtsgeschäfts[311] oder aus dogmatischen Gründen, wegen der Änderung von Verfassungsrecht, erforderlich war. Das Gesetz hatte sich darauf beschränkt, die Praxis zu legalisieren und die darin begründeten Gefahren zu neutralisieren. Der Zustimmungsbeschluß des § 293 Abs. 1 AktG 1965 wurde aus der Regelung des § 256 AktG 1937 ohne rechtsdogmatische Überlegungen übernommen[312].

Diese Kombination der Wirksamkeitselemente hat zudem den praktischen Vorzug, daß der Inhalt des Vertrages zwischen dem Vorstand der zu beherrschenden Aktiengesellschaft und dem herrschenden Unternehmen ausgehandelt werden konnte. Die Aktiengesellschaft wurde dabei — dem strukturellen Konzept des Beherrschungsvertrages als Vertrag zwischen zwei zuvor nicht verbundenen Unternehmen konsequent folgend — grundsätzlich als eigenständiger Partner angesehen, der seine Interessen und damit die Interessen der Aktionäre wahren würde. Damit schafft der Vorstand zugleich die Voraussetzungen für den Zustimmungsbeschluß. Hätte das Gesetz dagegen zuerst eine Satzungsänderung verlangt und dann erst einen Vertragsschluß zugelassen[313], so müßte die Satzungsänderung entweder so unscharf gehalten sein, daß sie einer materiellen Funktion entkleidet wäre, oder es entstände eine erhebliche Unsicherheit, ob mit dem an der Beherrschung interessierten Unternehmen auf der im Beschluß vorgezeichneten Basis ein Vertrag geschlossen werden könnte. Im Gegensatz zum Vertragsschluß hätte der zukünftige Vertragspartner auf den Inhalt eines vorangehenden Beschlusses keinen institutionalisierten Einfluß. Indem das Gesetz den Vertrag in den Vordergrund stellt, hat es eine den praktischen Bedürfnissen entgegenkommende Regelung getroffen, ohne daß daraus ge-

---

[310] Reichsjustizministerium: Entwurf eines Gesetzes über Aktiengesellschaften und Kommanditgesellschaften auf Aktien sowie Entwurf eines Einführungsgesetzes nebst erläuternden Bemerkungen. Berlin 1936, S. 126.

[311] So *Biedenkopf / Koppensteiner* in Kölner Komm. AktG § 293 Rdn. 3.

[312] Begr. Reg. E. zu § 293 bei *Kropff* § 380.

[313] *Sapper* S. 111 ff.

schlossen werden kann, der Vertrag sei das entscheidende verfassungsändernde Rechtsgeschäft.

VII. Kompetenz zur Änderung der Verfassung

Die Lehre vom Organisationsvertrag geht davon aus, daß die juristische Person als solche durch Konsens mit einem anderen Unternehmen Leitungsmacht überträgt. Bedenken gegen diese Vorstellung sind bereits Würdinger, dem Hauptvertreter dieser Lehre, gekommen. Die Übertragung der Leitungsmacht sei nicht eine Angelegenheit vertraglicher Disposition, etwa des schuldrechtlichen Konsens zwischen den beteiligten Gesellschaften als juristische Personen, sondern ausschließlich ein innergesellschaftlicher Vorgang, ein körperschaftsrechtlicher, also satzungsrechtlicher Akt. Ein Vertrag von Rechtsperson zu Rechtsperson, ein Außengeschäft, vermöge die innere Organisation nicht zu berühren[314]. So sehr dem im Ergebnis zuzustimmen ist, so ist doch Würdingers Unbehagen zu Unrecht darauf gerichtet, daß die juristische Person als solche ihre innere Organisation ändert. Das ist bei jeder Satzungsänderung durch einen von der Hauptversammlung als Organ gefaßten, aber der juristischen Person zugerechneten Beschluß der Fall. Damit wird deutlich, daß sich hinter der Diskrepanz zwischen vertraglicher Disposition und innergesellschaftlichem Vorgang die Frage nach der Organzuständigkeit verbirgt.

Die Frage wurde in der Literatur vielfach unter dem Stichwort der Vertretungsmacht erörtert, kann aber in die Berechtigung und in die Macht, die Gesellschaft zu verpflichten, aufgespalten werden. Das Reichsgericht erkannte zwar eine Kompetenzverteilung zwischen dem Vorstand als Außenorgan und der Hautversammlung an, die für den internen Kreis von Rechtsbeziehungen zuständig sei. Es hielt die Vertretungsmacht des Vorstandes aber dennoch für unbeschränkt, so daß eine wirksame Verpflichtung der Gesellschaft entstehe, die zum Schadenersatz verpflichte, wenn sie nicht erfüllt werden könne[315]. Dagegen wandten sich Brodmann und Kalisch[316]. Der Vorstand sei allein Außenorgan, er könne dagegen durch vertragliche Abmachungen nicht wirksam über den inneren Kreis der gesellschaftlichen Rechtsbeziehungen disponieren. Der Komplex von Rechtsbeziehungen, der in Gestalt der gesellschaftsrechtlichen Teilhaberschaft am Vermögen der Gesellschaft auftrete, sei dem Vorstand entzogen. Diese Kompetenzverteilung ist im Grundsatz unstreitig[317].

---

[314] *Würdinger*, DB 1958, 1447 (1452).

[315] RGZ 83, 377 (381); RGZ 115, 246 (250); zustimmend *Kronstein*, abhängige juristische Person, S. 50.

[316] *Brodmann* § 335 Anm. 2 a; *Kalisch*, JW 1930, 3713 f.

[317] *Ballerstedt*, DB 1956, 837; *Duden*, BB 1957, 49 (50); *Mestmäcker*, Verwal-

Die Ausdehnung der Kompetenzen des Vorstandes entsprach zwar den Bestrebungen auch der Konzentrationspraxis unter der Geltung der beiden Vorläufer des Aktiengesetzes 1965. Im Kompetenzbereich des Vorstandes fiel es dem Mehrheitsaktionär ungleich leichter, seinen Einfluß durchzusetzen als in der Hauptversammlung. In dem Maße, in dem sich das Recht wieder der Interessen der Minderheitsaktionäre annimmt, gilt es jedoch, sich der grundlegenden körperschaftlichen Kompetenzverteilung zu besinnen.

Zwar können Gesetzgeber und grundsätzlich auch die Mitglieder einer Körperschaft dem Handlungsorgan auch Kompetenzen zur Verfassungsänderung übertragen. Im deutschen Aktienrecht ist ein solcher Fall aber nicht ersichtlich[318]. Es entspricht vielmehr der natürlichen Interessenträgerschaft der Mitglieder, daß sie ihre Interessen selbst organisieren[319]. So wie für den Außenbereich Geschäftsführung und Vertretung dem Vorstand übertragen sind (§§ 76 bis 78 AktG), so ist für den innergesellschaftlichen Kreis, insbesondere für Verfassungsänderungen, grundsätzlich das Mitgliedsorgan, die Hauptversammlung, zuständig[320]. Daraus kann aber nicht geschlossen werden, daß alle Verfassungsänderungen dem Mehrheitsprinzip unterworfen sind[321]. Das Mehrheitserfordernis ist durch das körperschaftliche Grundverhältnis bestimmt, und das geltende Recht kennt Fälle, in denen Einstimmigkeit einer Sondergruppe von Aktionären oder aller Aktionäre vorausgesetzt wird[322].

VIII. Vergleich des Beherrschungsvertrages mit der Satzungsänderung und dem Gründungsvertrag

Der Beherrschungsvertrag wandelt wie die typische Satzungsänderung die organisatorischen Grundlagen der Körperschaft. Sowohl für die Verfassungsänderung durch Beherrschungsvertrag als auch durch Satzungsänderung ist der Hauptversammlungsbeschluß ein wesentliches

tung, S. 361 ff.; *Ruth*, ZHR 88, 454 (493); *Roth*, ZBH 1930, 68 (70); *v. Tuhr* § 38 I; vgl. auch BGHZ 9, 157 (177) für die Kompetenz der GmbH-Gesellschafter-Versammlung.

[318] Dagegen überträgt § 27 des American Model Business Corporation Act dem board of directors die Befugnis, die by-laws zu ändern.

[319] Vgl. im amerikanischen Recht Auer v. Dressel, Court of Appeals New York 306 N. Y. 427 (1954); Rogers v. Hill 289 U. S. 582, 589 (1933).

[320] *Erlinghagen* S. 141. Eine Zustimmung des Mitgliedes unmittelbar, außerhalb der Hauptversammlung, zu verlangen (vgl. *Ballerstedt*, Kapital, S. 167), würde der Funktion der juristischen Person und ihrer Organe auch als Zuordnungspunkt im Innenverhältnis nicht gerecht.

[321] Vgl. *Ballerstedt*, Kapital, S. 167.

[322] Sondergruppe: Entzug oder Beeinträchtigung von Sonderrechten (§ 35 BGB, vgl. *Baumbach / Hueck* Vor § 54 Rdn. 11); Verletzung des Gleichbehandlungsgrundsatzes (*Baumbach / Hueck* Vor § 54 Rdn. 4); alle Aktionäre: Änderung des Gesellschaftszweckes (§ 33 BGB; Zöllner in Kölner Komm. AktG § 179 Rdn. 16).

Element. Lediglich werden die durch den Beherrschungsvertrag geänderten Verfassungsbestimmungen nicht in die Satzungsurkunde aufgenommen[323]. Die Verfassung der Aktiengesellschaft ergibt sich nicht mehr allein aus Gesetz und Satzung, sondern zusätzlich aus der Vertragsurkunde. Damit gewinnt die Eintragung im Handelsregister verstärkte Bedeutung für die Publizität.

Zwischen Gründungsvertrag und Beherrschungsvertrag bestehen dagegen erhebliche Unterschiede, die es fraglich erscheinen lassen, ob es für die rechtliche Interpretation hilfreich ist, sie unter dem Begriff des Organisationsvertrages zusammenzufassen. Während die Partner des Gründungsvertrages die juristische Person und deren Verfassung — und damit die Grundlage für die Geltung des Mehrheitsprinzips — erst schaffen, besteht beim Beherrschungsvertrag bereits die zu beherrschende juristische Person mit ihrem Interessenfeld, das durch die Änderung der Verfassung beeinträchtigt wird. Die Geltung des Majoritätsprinzips wird nur durch die äußere gesetzliche Ausgestaltung verschleiert, aufgrund derer die Aktiengesellschaft als Vertragspartner auftritt. Während sich die Partner des Gründungsvertrages zu einer Einheit zusammenschließen, wird das herrschende Unternehmen — wie die Untersuchung der einzelnen Rechtsbeziehungen gezeigt hat — in eine bestehende Einheit organisatorisch eingegliedert. Dementsprechend beschränken sich die unmittelbaren Wirkungen nicht auf die Vertragspartner wie beim Gründungsvertrag, sondern sie treffen die hinter der juristischen Person stehenden Mitglieder. Die Übereinstimmung zwischen Beherrschungs- und Gründungsvertrag besteht nur darin, daß organisatorische Regelungen geschaffen bzw. geändert werden und daß die äußere Form des Vertrages die Möglichkeit bietet, schuldrechtliche Beziehungen zwischen den Vertragspartnern mit dem Rechtsgeschäft zumindest äußerlich zu verbinden.

Dieser Vergleich begründet die Vermutung, daß die unternehmenszusammenfassenden Rechtsgeschäfte dogmatisch den Satzungsänderungen durch Beschluß näher stehen, als den die Satzung schaffenden Gründungsverträgen.

IX. Wertung von Beherrschungsvertrag und Zustimmungsbeschluß der Hauptversammlung der zu beherrschenden Gesellschaft

Die Formulierungen des Gesetzes legen es nahe, die in § 293 AktG Abs. 1 Satz 1 AktG geforderte Zustimmung der Hauptversammlung der zu beherrschenden Gesellschaft als eine Genehmigung im Sinne des

[323] Das gilt aufgrund der eindeutigen Vorschrift des § 293 Abs. 1 Satz 4 AktG auch wenn man den Vertrag als verfassungsändernd versteht. Die Frage war früher umstritten, vgl. die Literatur bei *Sapper* S. 37 Fn. 33; *Mestmäcker*, Verwaltung, S. 337 ff.

§ 184 BGB[324] zu werten, als Genehmigung der Verfassungsänderung durch das bereits geschlossene Rechtsgeschäft zwischen der durch ihren Vorstand vertretenen Aktiengesellschaft und dem anderen Unternehmen. Die Zustimmung der Hauptversammlung hätte ihren Grund dann vor allem in dem Gewicht des Rechtsgeschäftes, das aber grundsätzlich der Vertretungsmacht des Vorstandes unterfällt[325].

Diese Deutung erscheint jedoch nicht gerechtfertigt. Die Zustimmung wird wegen der Organisationsänderung gefordert und ist den Hauptversammlungsbeschlüssen nach § 119 Abs. 2 AktG vergleichbar. Warum sollte das Gesetz in § 291 Abs. 1 AktG eine Kompetenz aus dem ureigenen Bereich der Mitglieder dem Vorstand übertragen, um sie in § 293 Abs. 1 AktG in demselben Umfang wieder zu beseitigen und das Handeln des Vorstands an die Mitwirkung der Mitglieder zu binden?

In ihrer Wirkung aufgrund der gesetzlichen Gestaltung sind Vertrag und Zustimmung gleichwertig. Aus Gründen der Publizität werden sie erst durch die Eintragung wirksam, soweit sie übereinstimmen. Der Vertragsschluß zwischen der zu beherrschenden Aktiengesellschaft und dem anderen Unternehmen allein entfaltet keine Wirkung, insbesondere verpflichtet er niemanden, bei der Herbeiführung der weiteren Wirksamkeitserfordernisse mitzuwirken[326]. Der Vertrag wird vor der Zustimmung und Eintragung in der Literatur als schwebend unwirksam bezeichnet[327].

Die Ausführungen zur körperschaftlichen Kompetenzverteilung und der Vergleich verfassungsbegründender und verfassungsändernder Rechtsgeschäfte sprechen vielmehr dafür, den Zustimmungsbeschluß als das eigentliche die Verfassung ändernde Rechtsgeschäft zu bewerten. Lediglich aus Gründen der Praktikabilität ist der Beschluß inhaltlich in aller Regel durch den noch unwirksamen Beherrschungsvertrag vorgezeichnet. Die Verfassungsänderung beruht demnach wie bei der Satzungsänderung auf einem Rechtsakt der Mitglieder.

---

[324] Das Gesetz geht zwar davon aus, daß die Zustimmung dem Vertrag nachfolgen wird, schließt aber eine vorherige Zustimmung nicht aus (vgl. *Baumbach / Hueck* § 293 Rdn. 5).

[325] Vgl. oben Fn. 311. So ist die Zustimmung der Hauptversammlung des anderen Vertragsteiles zu qualifizieren, wenn dieser eine AG ist (§ 293 Abs. 2).

[326] Strittig, vgl. *Geßler* § 293 Rdn. 14. *Biedenkopf / Koppensteiner* (in Kölner Komm. AktG § 293 Rdn. 13) folgen konsequent ihrer Auffassung, die den Vertrag weit in den Vordergrund stellt. Sie wollen grundsätzlich § 326 Abs. 1 BGB anwenden und das Zustimmungserfordernis lediglich deshalb nicht durch eine Schadenersatzforderung entwerten, weil ein Vertrauensschaden mangels schützenswerten Vertrauen nicht entstehen kann. Mit dieser stark am schuldrechtlichen Vertrag orientierten Ansicht stehen sie jedoch allein.

[327] *Baumbach / Hueck* § 294 Rdn. 7. Die Bindung an den Inhalt des Vertrages während des Schwebezustandes hat wie bei der Bindung an ein Angebot (§ 145 BGB) nur verfahrenstechnischen Charakter. Vgl. auch *Würdinger* in Großkomm. AktG § 293 Anm. 1.

Selbst wenn das Gesetz die Kompetenz zur Verfassungsänderung dem Vorstand übertragen hätte, so würde sie nicht durch ein Rechtsgeschäft des Vorstandes mit einem Dritten, sondern durch einen körperschaftlichen Rechtsakt des Vorstandes allein bewirkt. Die Teilnahme eines Außenstehenden an diesem Rechtsakt wäre ohne Bedeutung, weil die körperschaftliche Grundbeziehung nicht zu seiner Disposition steht.

Der sogenannte Beherrschungsvertrag begründet jedoch auch Verpflichtungen des herrschenden Unternehmens, die ihm nicht ohne seine Mitwirkung durch bloße Änderung der Verfassung der zu beherrschenden Aktiengesellschaft aufgebürdet werden können. Diese Verpflichtungen sind, wie die Untersuchung gezeigt hat, körperschaftsrechtlicher Natur.

Daß ein in den körperschaftlichen Verband einzuordnendes Rechtssubjekt verfassungsrechtliche Pflichten übernimmt, ist nichts Außergewöhnliches. Diese Komponente des Beherrschungsvertrages ist in seiner Funktion dem Beitritt vergleichbar. Ähnlich begründet die Bestellung zum Organ verfassungsrechtliche Pflichten. Auch in diesen Fällen bedarf es der Mitwirkung des mit den Pflichten belasteten. Schließlich verlangt das Gesetz auch für die Wirksamkeit von Nebenverpflichtungen eine Zustimmungserklärung (§ 180 AktG). Während der Beitritt und die Organbestellung wie der Beherrschungsvertrag die körperschaftsrechtliche Beziehung des zukünftigen Mitgliedes bzw. beherrschenden Unternehmens zur Aktiengesellschaft erst begründet, gestaltet die Nebenverpflichtung die bereits bestehende Mitgliedschaft aus. Daraus erklärt sich die innerkörperschaftliche Gestalt der Zustimmung zur Nebenverpflichtung, die durch die positive Abstimmung im Rahmen des entsprechenden Beschlusses erklärt wird. Ihre selbständige Bedeutung zeigt sich jedoch darin, daß sie auch nachgeholt werden kann[328].

Dementsprechend hat das Gesetz auch beim Beherrschungsvertrag eine rechtsgeschäftliche Beteiligung des herrschenden Unternehmens vorgesehen. Sie wie bei der Nebenverpflichtung in einen gesellschaftsinternen Rechtsakt zu kleiden, war dem Gesetzgeber aber verwehrt, weil die Regelung des Beherrschungsvertrages davon ausgeht, daß das zukünftig herrschende Unternehmen in keiner Beziehung zu der zu beherrschenden Gesellschaft steht.

Der Beitritt zu einer Aktiengesellschaft wird von der herrschenden Lehre als Vertrag zwischen der Gesellschaft und dem Betretenden qualifiziert[329]. Der Zeichnungsschein ist in aller Regel das Vertragsangebot, und die Annahme der Gesellschaft kann in der Bestätigung der Zeichnung, der Aufforderung zur Einlagenleistung oder in der Anmeldung

[328] Vgl. *Zöllner* in Kölner Komm. AktG § 180 Rdn. 16 f.

[329] Siehe oben Fn. 160.

der Kapitalerhöhung zum Handelsregister liegen[330]. Der Annahme kommt jedoch nur eine Erklärungsfunktion zu. Materiell entscheidender Rechtsakt ist der Kapitalerhöhungsbeschluß[331]. Ähnlich wird nach Baumbach/Hueck und Meyer-Landrut das Rechtsverhältnis zwischen Organwalter und Aktiengesellschaft vertraglich begründet[332].

Von anderer Seite werden Zeichnung und Aufnahme sowie Bestellung und Annahme der Bestellung nicht als Vertrag, sondern als zwei getrennte, wenn auch zusammenhängende, Rechtsgeschäfte gewertet[333]. Mit dieser Vorstellung ist indes nichts gewonnen[334]. Einigkeit besteht darüber, daß jeweils zwei Erklärungen erforderlich sind, d. h. Verhalten aus dem ein entsprechender Wille unzweideutig hervorgeht. Eine Erklärung gegenüber dem Vertragspartner ist auch für den Vertragsbegriff nicht entscheidend (§ 151 BGB). Die beiden Rechtsgeschäfte erfüllen sowohl den am Vertragsschluß als auch den an seiner Funktion orientierten Vertragsbegriff.

Auch das Rechtsgeschäft, mit dem das herrschende Unternehmen in die zu beherrschende Gesellschaft eingegliedert wird und die verfassungsrechtlichen Pflichten übernimmt, erfordert zwei übereinstimmende Willenserklärungen. Für die Erklärung der Aktiengesellschaft bieten sich zwei Wege an. Sie kann in dem Beschluß der Mitgliedersammlung gesehen werden, aber auch in der Erklärung des Vorstandes, die noch der Genehmigung durch Zustimmungsbeschluß bedürfte (§ 184 BGB)[335]. Die Frage bedarf hier keiner Klärung.

Die Vereinbarung, daß sich das herrschende in das beherrschte Unternehmen verfassungsmäßig einordnet, soll Einordnungsvertrag genannt werden. Damit wird einerseits gekennzeichnet, daß das herrschende Unternehmen in die beherrschte Aktiengesellschaft eingegliedert wird, daß es andererseits durch das Instrument des Vertrages Mitherrschaft

330 *Lutter* in Kölner Komm. AktG § 185 Rdn. 11.

331 Vgl. oben vor Fn. 163 und 238.

332 *Baumbach / Hueck* § 101 Rdn. 7; *Meyer-Landrut* in Großkomm. AktG § 101 Anm. 5.

333 *v. Tuhr* I § 37 I; *v. Godin / Wilhelmi* § 185 Anm. 2.

334 Zwar will *Wilhelmi (v. Godin / Wilhelmi* § 185 Anm. 2) aus der mangelnden vertraglichen Natur ableiten, daß eine Aufforderung zum Zeichnen und anschließende Zeichnung den Beitritt auch dann nicht bewirkt, wenn die Aufforderung den Erfordernissen eines Vertragsantrages genügt. Darin versteckt sich jedoch eine begriffliche Begründung. Auch wer zwei getrennte Rechtsgeschäfte annimmt, wird ebenso begründen müssen, warum sie in einer bestimmten Reihenfolge vorgenommen werden müssen, wie aus der Sicht der Vertragstheorie gegebenenfalls begründet werden muß, daß eine Aufforderung zur Zeichnung den im Rahmen dieses Rechtsgeschäftes zu stellenden Anforderungen an ein Vertragsangebot nicht genügt.

335 Bei Rechtsgeschäften, die eine Person in die Körperschaft eingliedern, kann die Erklärung sinnvollerweise sowohl dem Vorstand als auch der Mitgliederversammlung übertragen werden. Vgl. zum Beitritt oben Fn. 163.

über den Inhalt der verfassungsmäßigen Rechte und Pflichten ausübt, eine Mitherrschaft, die im Gegensatz zum Beitritt auch praktische Bedeutung hat, weil es sich nicht um ein Routinegeschäft handelt. Inhalt des Vertrages ist die Bereitschaft des herrschenden Unternehmens, die aus der Verfassungsänderung erwachsenden körperschaftlichen Pflichten zu übernehmen.

Im Organisationsvertrag werden vielfach auch schuldrechtliche Elemente erkannt[336], so das Ausgleichsrecht[337], das aber bereits als körperschaftsrechtliche Beziehung erklärt wurde[338]. Einer schuldrechtlichen Pflicht zur organisatorischen Zuordnung der abhängigen Gesellschaft[339] bedarf es nicht, da diese Zuordnung durch die Verfassungsänderung bereits erreicht ist. Ebensowenig bedarf es einer schuldrechtlichen Pflicht des herrschenden Unternehmens, die organisatorischen Grenzen der Zuordnung einzuhalten[340].

Das vom Gesetz als Beherrschungsvertrag bezeichnete Rechtsgeschäft setzt sich demnach aus zwei Komponenten zusammen: dem körperschaftlichen Einordnungsvertrag und dem verfassungsändernden Hauptversammlungsbeschluß. Beide Komponenten sind derart miteinander verkoppelt, daß keine ohne die andere wirksam werden und bestehen kann. Das Rechtsgeschäft wird mit der Eintragung wirksam.

Dieses Ergebnis gibt Anlaß, einen Blick auf Kronsteins Einteilung der Abhängigkeiten in stimmliche, organisatorische und vertragliche zu werfen[341]. Erfährt dieses System mit der Lehre vom Organisationsvertrag tatsächlich eine Fortbildung, indem zwischen den beiden letzten eine neue Gruppe aus deren Verschmelzung eingeführt wird[342]? Diese Auffassung kann sich aus der Vermengung formaler und materieller Gesichtspunkte in Kronsteins Einteilung noch nicht befreien.

In materieller Sicht gibt es nur zwei Abhängigkeiten, die verfassungsrechtliche, die aus der körperschaftlichen Organisation folgt, und die schuldrechtliche, die nur von außen an die Körperschaft heranreicht und an diesem Zuordnungspunkt endet, ohne in das körperschaftliche Interessenfeld einzudringen.

Die stimmliche Abhängigkeit ist ein Fall der verfassungsrechtlichen Abhängigkeit. Sie beruht auf der körperschaftlichen Grundbeziehung

[336] *Biedenkopf / Koppensteiner* § 291 Rdn. 21; *Sapper* § 128 ff.; *Brachvogel* S. 127; *Würdinger,* AktR, 1. Aufl. 1959, S. 208; *Geßler* § 291 Rdn. 25.

[337] *Würdinger,* AktR, 1. Aufl. 1959, S. 208.

[338] Siehe oben S. 75.

[339] *Sapper* S. 132.

[340] *Sapper* S. 132; *Brachvogel* S. 127.

[341] Abhängige juristische Person, S. 7 f.

[342] So *Sapper* S. 63.

und ergibt sich ohne weiteres Rechtsgeschäft aus der rein tatsächlichen Stimmenkonzentration. Daneben kann die verfassungsrechtliche oder organisatorische Abhängigkeit nur durch Änderung der Verfassung begründet werden. Als Form kommt dafür grundsätzlich ein körperschaftsinternes Rechtsgeschäft in Betracht. Für den Fall, daß damit Pflichten bisher Außenstehender begründet werden, muß deren Mitwirkung hinzukommen. Das Rechtsgeschäft wird aber nach wie vor durch die Verfassungsänderung durch Beschluß geprägt, nicht anders als etwa die organisatorische Abhängigkeit durch Begründung von Einflußrechten Dritter, die in der Satzung festgelegt sind. Daraus wird deutlich, daß die Rechtsform, in der die Abhängigkeit begründet wird, keine entscheidende Bedeutung hat. Allein durch Vertrag kann allerdings nur eine schuldrechtliche Abhängigkeit begründet werden.

C. Die einzelnen Rechtsfolgen der Zwei-Komponenten-Theorie

Die rechtlichen Schlüsse müssen deshalb davon ausgehen, daß der Verband unter der gewohnten Kompetenzverteilung seine Verfassung ändert, daß diese Änderung jedoch mit dem Einordnungsvertrag des herrschenden Unternehmens unlösbar verknüpft ist. Entsprechend der zentralen Bedeutung der Verfassungsänderung durch Beschluß der Hauptversammlung können die in der Literatur und Rechtsprechung entwickelten Grundsätze zur Satzungsänderung einen Ausgangspunkt bilden, der unter dem Gesichtspunkt der Wahrung der Interessen des herrschenden Unternehmens zu modifizieren ist.

I. Der Grundsatz der Vertragsfreiheit

Die Literatur zieht dem Grundsatz der Vertragsfreiheit beim Beherrschungsvertrag Grenzen[343]. Auch die Zwei-Komponenten-Auffassung kann sich nicht auf den Hinweis beschränken, der Freiheitsraum wäre durch den Beschluß als die engere Komponente beschränkt, denn auch der Beschluß ist als privatautonomes Rechtsgeschäft in seinem inhaltlichen Gestaltungsraum nur so weit beschränkt, wie das Recht dies unter materiellen oder formalen Gesichtspunkten anordnet. Die hier entwickelte Auffassung macht jedoch deutlich, wo Grenzen des Gestaltungsraumes zu suchen sind: im körperschaftlichen Grundverhältnis. Damit wird die Verfassungsänderung vor allem von dem materiellen Gleichbehandlungsgrundsatz beherrscht[344].

Der Einordnungsvertrag kann schon wegen seiner unselbständigen Bedeutung keine über den Beschluß hinausgehenden Rechte des herr-

[343] *Würdinger* in Großkomm. AktG § 291 Anm. 13; *Mestmäcker,* Verwaltung, S. 232; *Kober* S. 101 ff.; *Geßler* § 291 Rdn. 24.

[344] *G. Hueck,* Gleichmäßige Behandlung, S. 44 ff. (46).

schenden Unternehmens begründen. Er kann zwar von einem schuldrechtlichen Vertrag begleitet sein, kann aber nicht durch deren Koppelung erneut den vollen, dem schuldrechtlichen Vertrag eigenen Regelungsspielraum eröffnen.

II. Auslegung

Während die Auslegung des sogenannten Zustimmungsbeschlusses im gleichen Maße zu objektivieren ist, wie die jedes satzungsändernden Beschlusses[345], gilt das grundsätzlich nicht für den Einordnungsvertrag. Daraus erwächst zwar die Gefahr unterschiedlicher Auslegung und damit eines Dissenses, der die Rechtssicherheit gefährden könnte. Die Gefahr wird jedoch durch die weitgehende gesetzliche Ausgestaltung gemindert.

III. Aufhebung und Kündigung

Die gesetzlich geregelten Aufhebungs- und Kündigungsmöglichkeiten fügen sich in die hier entwickelte Auffassung von der Rechtsnatur des Beherrschungsvertrages ein.

Die Kündigung des Einordnungsvertrages aus wichtigem Grund kann der Vorstand der beherrschenden Aktiengesellschaft ohne zustimmenden Beschluß aussprechen. Die Verfassungsänderung wird aufgrund der Koppelung zurückgewandelt. Hier ist dem Vorstand unter engen Voraussetzungen ein mittelbarer Einfluß auf die Verfassung eingeräumt. Inhaltlich ist dieser Einfluß durch die Gestalt der Verfassung vor Abschluß des Beherrschungsvertrages festgelegt. Das Gesetz verschiebt damit die Zuständigkeit von der Hauptversammlung auf den Vorstand, der im Hinblick auf die typische Einflußlage das geeignetere Organ ist, diese Maßnahmen vor allem zum Schutz der Minderheit und unverzüglich zu ergreifen.

Die ordentliche Kündigung durch die beherrschte Gesellschaft und der Aufhebungsvertrag verlangen einen zustimmenden Beschluß nur der ausgleichsberechtigten Aktionäre. Indem der Gesetzgeber auf einen satzungsändernden Beschluß aller Mitglieder verzichtet, wird er nur der Interessenidentität zwischen dem herrschenden Unternehmen als Mitglied und als Gegner der Kündigung gerecht. Die ordentliche Kündigung durch das herrschende Unternehmen kann dogmatische mit der Koppelung beider Rechtsakte begründet werden.

Ob die Zulässigkeit der Kündigung sowohl durch das herrschende Unternehmen als auch durch die beherrschte Atiengesellschaft den en-

345 Die h. M. kommt mit dem Hinweis auf den normativen Charakter zu demselben Ergebnis: *Würdinger,* AktR, 1. Aufl. 1959, S. 208; *Biedenkopf / Koppensteiner* in Köln. Komm. AktG § 291 Rdn. 20.

gen körperschaftlichen Beziehungen gerecht wird, erscheint aber sehr zweifelhaft. Der Beherrschungsvertrag ermöglicht es einerseits dem herrschenden Unternehmen die beherrschte Aktiengesellschaft wirtschaftlich derart auszuhöhlen, daß sie nach der Kündigung nicht mehr in der Lage ist, einen der Ausgleichszahlung oder dem vor Vertragsschluß entsprechenden Gewinn zu erwirtschaften. Andererseits kann das herrschende Unternehmen die in der erhöhten gesetzlichen Rücklage liegenden Werte verlieren, ohne den erst für die Zukunft erwarteten Vorteil erlangt zu haben. Der Gesetzgeber hat sich dabei zu sehr vom Modell des schuldrechtlichen Vertrages und dessen grundsätzlicher Kündbarkeit leiten lassen und dem herrschenden Unternehmen erlaubt, sich unter weiten Voraussetzungen seiner verfassungsrechtlichen Verantwortlichkeit zu entziehen. Körperschaftsrechtliche Rechtsbeziehungen werden — wie sich aus dem Vergleich mit der Mitgliedschaft zeigt — auch wenn sie durch Vertrag begründet wurden, nicht durch Kündigung, sondern durch einen neuen Rechtsakt beendet. Die Konsequenzen der Kündbarkeit werden in der Literatur vielfach dadurch abgemildert, daß eine ordentliche Kündigung durch das herrschende Unternehmen nur bei vertraglicher Vereinbarung zugelassen wird[346]. Auch die Treuepflicht[347] kann dem herrschenden Unternehmen die Ausübung des Kündigungsrechtes verbieten[348].

Die Zwei-Komponenten-Auffassung des Beherrschungsvertrages mag Anlaß geben, eine Aufhebung durch verfassungsändernden Beschluß für zulässig zu erachten. Das wäre jedoch nur mit Zustimmung des herrschenden Unternehmens möglich (§ 33 BGB)[349]. §§ 296, 297 AktG regeln jedoch die Lösungsmöglichkeiten abschließend.

---

346 *Würdinger*, AktR, S. 269; ders. in Großkomm. AktG § 297 Rdn. 2; *Geßler* § 297 Rdn. 11; a. A.: für unbeschränkte Zulässigkeit *Baumbach / Hueck* § 297 Rdn. 1 und 5.

347 Die Rechtsbeziehung zwischen herrschendem Unternehmen und abhängiger Gesellschaft begründet eine Treuepflicht, wie sie für Mitglieder des Aufsichtsrats und des Vorstands anerkannt ist (vgl. *Baumbach / Hueck* § 111 Rdn. 4, § 84 Rdn. 8, wo allerdings nicht unterschieden wird, ob die Pflicht auf dem durch Bestellung begründeten körperschaftlichen Rechtsverhältnis oder dem schuldrechtlichen Anstellungsverhältnis beruht). Die Treuepflicht der Aktionäre gegenüber der Gesellschaft ist umstritten (vgl. *Baumbach / Hueck* Vor § 54 Rdn. 11 gegenüber RGZ 146, 385 (395)).

348 Es wäre zudem erwägenswert, auch eine vertraglich vereinbarte ordentliche Kündigungsmöglichkeit auszuschließen. Den Verträgen des § 291 AktG steht die Vertragsfreiheit nicht zu, und eine Kündigung widerspricht der körperschaftlichen Natur des Einordnungsvertrages. Da § 297 Abs. 2 AktG auf schuldrechtliche Unternehmensverträge anwendbar bleibt, würde die Vorschrift damit nicht bedeutungslos. Eine derart schwer lösbare Bindung wäre dem Aktienrecht auch nicht neu. Auch die Nebenleistungspflicht kann nur durch Satzungsänderung und durch Kündigung aus wichtigem Grund beseitigt werden (vgl. *Baumbach / Hueck* § 55 Rdn. 13; *Lutter* in Kölner Komm. AktG § 55 Rdn. 13).

349 Vgl. *Kronstein*, abhängige juristische Person, S. 15.

IV. Die Fehlerhaftigkeit des Beherrschungsvertrages

Ausgangspunkt für die Nichtigkeit und Vernichtbarkeit des Hauptversammlungsbeschlusses sind die oben für den Beschluß dargestellten Grundsätze[350]. Der Einordnungsvertrag wird jedoch durch seinen körperschaftlichen Charakter und beide Akte durch ihre Verknüpfung geprägt.

1.

Es scheint geboten, die Fragen zunächst in einem weiteren Zusammenhang zu umschreiben. Das Bürgerliche Gesetzbuch regelt die Wirksamkeit und Nichtigkeit sowie die potentielle Nichtigkeit unter den Gesichtspunkten der schwebenden Unwirksamkeit und der Anfechtbarkeit von Willenserklärungen in den §§ 105 ff. und 116 ff. Der Gesetzgeber hat dabei ganz die Sorge in den Vordergrund gestellt, daß sich der rechtsgeschäftliche Wille umfassend verwirklichen kann. Insbesondere hat er die Anfechtbarkeit wegen Irrtums bis in den Bereich des Motivirrtums hinein ausgedehnt (§ 119 Abs. 2 BGB). Den Interessen der von der Willenserklärung Berührten hat er durch einen Schadenersatzanspruch Rechnung getragen (§ 122 BGB). Die Rückabwicklung der mangelhaften Rechtsbeziehungen bleibt dem Bereicherungsrecht überlassen. Schon in Bereichen, die herkömmlich dem Schuldrecht zugerechnet werden, hat die Rechtsprechung und das Schrifttum die Regelungen als nicht praktikabel erkannt und in Einzelfällen, insbesondere im Rahmen der Lehre von der fehlerhaften Gesellschaft, modifiziert[351].

Ähnliche Wege ist die Rechtsprechung und Literatur auch bei einzelnen körperschaftlichen Rechtsakten gegangen — ohne die Geltung der BGB-Vorschriften im Körperschaftsrecht in Frage zu stellen —, wenngleich zunächst auch noch ohne koordinierende Abstraktion. Es werden jedoch einige einheitliche Gesichtspunkte erkennbar.

Willenserklärungen können, auch wenn sie im Rahmen eines körperschaftlichen Rechtsaktes abgegeben wurden, nichtig, unwirksam oder anfechtbar sein[352]. Es kann jedoch erforderlich sein, die Folgen unter verschiedenen Gesichtspunkten zu beschränken. Eine erste Einschränkung ergibt sich daraus, daß Willenserklärungen, die für das Zustandekommen eines körperschaftlichen Rechtsgeschäftes nicht unabdingbar sind, dessen Bestand auch nicht beeinträchtigen können, wenn sie mangelhaft sind.

Die Komplexität der Rechtsfolgen, die eine rückwirkende Beseitigung einer Willenserklärung auslösen würde, kann — analog der Lehre von

---

[350] S. 59 ff.

[351] Siehe oben Fn. 131.

[352] Das ist nach der Überwindung der Theorie vom Gesamtakt allgemein anerkannt. Vgl. oben S. 38 ff., 46, 59 ff.

der fehlerhaften Gesellschaft — eine Beschränkung auf ex-nunc Wirkungen erfordern[353]. Selbst wenn grundsätzlich eine ex-tunc Wirkung zugelassen wird, kann es erforderlich werden, diese Wirkung doch partiell dort abzuschneiden, wo die Kausalkette bis zur mangelhaften Erklärung aus mehreren Gliedern besteht[354].

Typisch für das Körperschaftsrecht sind aber die Fälle, in denen der Mangelhaftigkeit kein Einfluß mehr auf den Bestand eines Rechtsgeschäftes gestattet wird. In der Nähe schuld- und handelsvertragsrechtlicher Dogmatik liegt dabei noch der Gesichtspunkt des Vertrauensschutzes aufgrund einer an die Öffentlichkeit gerichteten Erklärung, insbesondere der Eintragung ins Handelsregister[355]. Neue Wege geht dagegen die Überlegung, daß das Verfassungsrecht von seinem Entstehungsakt gelöst fortlebt, ein Gedanke, der umso mehr gilt, wenn der Schöpfungsakt der juristischen Person und damit deren Existenz in Frage steht. Hier berührt die Lehre von der Bestandskraft des körperlichen Schöpfungsaktes sich mit der von den faktischen Vertragsverhältnissen[356]. Diese dogmatische Begründung, die formal erscheinen mag, wird begleitet durch eine Interessenabwägung, bei der sich die Interessen Einzelner an der Nichtigkeit den Interessen vieler am Bestand des Rechtsgeschäftes gegenüberstehen[357].

2.

Die herrschende Lehre vom Organisationsvertrag geht konsequent davon aus, daß die vertraglichen Willenserklärungen fehlerhaft im Sinne der Vorschriften des Bürgerlichen Gesetzbuches sein können. Dieser Grundsatz wird jedoch nach der Eintragung nach den für die fehlerhafte Gesellschaft entwickelten Gesichtspunkten eingeschränkt[358] oder mit dem Hinweis auf den Normcharakter ausgeschlossen[359].

Der Hinweis auf den Normcharakter überzeugt jedoch kaum, denn ein grundlegender Unterschied zwischen Satzungsvorschriften und an-

---

[353] Vgl. oben Fn. 130 und Fn. 164.

[354] So für das Rechtsgeschäft der Körperschaft mit einem Dritten aufgrund nichtigen Beschlusses, vgl. oben Fn. 235. Strittig für die Kapitalerhöhung, vgl. oben Fn. 238.

[355] Siehe oben S. 39.

[356] Zur Lehre von den faktischen Vertragsverhältnissen vgl. *Haupt*, Günter: Über faktische Vertragsverhältnisse. in: Festschrift der Leipziger Juristischen Fakultät für Dr. Heinrich Siber, Leipzig 1943, Bd. II S. 1 ff.; *Esser*, Schuldrecht I, S. 97 ff.; *Fikentscher*, Schuldrecht, S. 55; *Larenz*, AT, S. 459 ff. (462).

[357] Siehe oben Fn. 135; vgl. auch Fn. 165.

[358] *Biedenkopf / Koppensteiner* in Kölner Komm. § 297 Rdn. 16; *Geßler*, DB 1905, 1691 (1694 f.); ders. § 297 Rdn. 45.

[359] *Sapper* S. 64; anders aufgrund eines Vergleiches mit der Satzungsänderung *Würdinger* in Großkomm. AktG § 293 Anm. 13.

deren privatautonomen Rechtsgestaltungen läßt sich nicht aufzeigen[360]. Die Grundsätze der fehlerhaften Gesellschaft führen auch nur teilweise zu angemessenen Lösungen, findet doch die Bestandskraft ihre Grenzen in dem durch die Mangelhaftigkeit begründeten Recht zur fristlosen Kündigung[361]. Die gesetzliche Ausgestaltung der Kündigung des Beherrschungsvertrages führt aber zu problematischen Ergebnissen, denn eine verfassungsrechtlich organisierte neue Wirtschafts- und teilweise Interesseneinheit kann nicht wie eine schuldvertragliche Personenvereinigung wieder in lebensfähige Bestandteile aufgespalten werden[362].

3.

Die Zwei-Komponenten-Auffassung stellt den Zustimmungsbeschluß in den Vordergrund. Die Nichtigkeit dieses Beschlusses können die Aktionäre nur im Rahmen des § 241 AktG geltend machen, darüber hinaus bedarf es einer Anfechtung (§ 243 AktG). Das auf die Anfechtung ergehende Urteil wirkt in analoger Anwendung des § 248 AktG auch gegenüber dem herrschenden Unternehmen, wie sich aus dessen organähnlicher Stellung ergibt.

Die inhaltliche Breite von Hauptversammlungsbeschlüssen erfordert ebenso wie bei schuldrechtlichen Verträgen eine unterschiedliche Behandlung im Fall der Fehlerhaftigkeit. Beschlüsse, die sich auf ein Verwaltungsgeschäft des Vorstandes beziehen, Beschlüsse, die zwar die Satzung ändern aber nur einen eng begrenzten Kreis von Personen belasten, wie z. B. der Entzug eines Sonderrechtes, oder Beschlüsse, die wie der sogenannte Zustimmungsbeschluß grundlegende körperschaftliche Strukturen wandeln, können im Hinblick auf ihre Fehlerhaftigkeit nicht den gleichen Grundsätzen unterworfen werden.

Die Nichtigkeit oder die erfolgreiche Anfechtung der Stimmen einzelner Aktionäre kann, selbst wenn erst ihre Stimmen zu der erforderlichen Mehrheit geführt haben, grundsätzlich nicht die Nichtigkeit eines bereits durchgeführten Beherrschungsvertrages bewirken[363]. Es stehen sich nicht nur die Interessen des anfechtenden Aktionärs und des herrschenden Unternehmens gegenüber, sondern auch die der anderen Minderheitsaktionäre und der Gläubiger. Auch eine Beschränkung der Rechtsfolgen auf die für die Auflösung vorgesehenen gesetzlichen Regelungen wird den Interessen nicht gerecht. Soll das herrschende Unternehmen nach § 303 Abs. 1 AktG zur Sicherheitsleistung

---

360 Siehe oben S. 31 ff.

361 BGHZ 3, 285 (290 f.).

362 Siehe oben S. 87 f.

363 Die Frage hat beim Beherrschungsvertrag auch praktische Bedeutung, da er im Gegensatz zur Eingliederung schon vor Ablauf der Anfechtungsfrist eingetragen und damit wirksam werden kann (§ 249 Abs. 2 AktG).

verpflichtet sein, obgleich es die Mangelhaftigkeit des Beschlusses weder verursachte noch kannte? Eine entsprechende Anwendung des § 122 BGB verspricht ebenfalls keine Lösung, da der Kreis der Betroffenen kaum überschaubar ist. Die Möglichkeit gerichtlicher Kontrolle von Abfindung und Ausgleich vermindern weiter das Gewicht des Aktionärsinteresses an der Anfechtung. Die Nichtigkeit und Vernichtbarkeit des verfassungsändernden Beschlusses wird deshalb ähnlich der des Gründungsaktes und noch weiter als die des normalen satzungsändernden Beschlusses im Hinblick auf das Vertrauen des Verkehrs im Sinne einer echten Faktizität einzuschränken sein.

Für den Einordnungsvertrag gelten zwar die §§ 241 ff. AktG nicht, vielmehr sind für fehlerhafte Willenserklärungen grundsätzlich die Vorschriften des Bürgerlichen Gesetzbuches unmittelbar anzuwenden.

Es ist zwar unübersehbar, daß ein herrschendes Unternehmen ein ungleich größeres Interesse an der Anfechtung der Beherrschungsvereinbarung haben kann als ein Aktionär der beherrschten Gesellschaft, denn der Gesetzgeber hat sich nicht um eine Lösung gesorgt, die auch dem herrschenden Unternehmen einen Ausgleich für die übernommenen verfassungsmäßigen Pflichten sichert. Dennoch scheidet eine rückwirkende Anfechtung aus dem zum Beitritt dargestellten Gründen[364] aus. Ob eine Anfechtung unter Beschränkung auf die im Gesetz geregelten Folgen einer Beendigung zu einer angemessenen Lösung führt, bedürfte einer sorgfältigen Analyse, die hier nicht vorgenommen werden kann.

Schließlich steht der beherrschten Gesellschaft ein Anfechtungsrecht nicht zu, da der Einornungsvertrag als solcher die Gesellschaft nicht bindet und auch nicht mittelbar belastet. Sie kann die Beherrschungsbeziehung nur durch Einwirken auf den Beschluß beeinflussen.

V. Rücktritt

Der Gesetzgeber hat den Rücktritt bewußt ungeregelt gelassen[365]. In der Literatur hat sich jedoch die Ansicht durchgesetzt, daß ein Rücktritt vom Beherrschungsvertrag ausgeschlossen ist, sobald mit dem Vollzug des Vertrages begonnen ist[366]. Dasselbe ergibt sich für den Einordnungsvertrag aus seiner befristeten Funktion. Nicht der Vertrag schafft die

---

[364] Vgl. oben S. 46 und Zur Sittenwidrigkeit des Beitritts vgl. *Staudinger / Coing* § 138 Rdn. 30.

[365] Ausschußbericht zu § 297 bei *Kropff* S. 387.

[366] *Baumbach / Hueck* § 297 Rdn. 10; *Würdinger* in Großkomm. AktG § 297 Anm. 5; *Geßler* § 297 Rdn. 42 f.; *Biedenkopf / Koppensteiner* (in Kölner Komm. AktG § 297 Rdn. 15) erkennen einen Rücktritt zwar grundsätzlich an, begrenzen seinen Hauptanwendungsbereich aber auf die Zeit vor dem Wirksamwerden.

andauernde Rechtsbeziehung, sondern die Verfassungsumgestaltung. Ist sie vollzogen, so kann sie durch einen Rücktritt vom Vertrag nicht mehr rückgängig gemacht werden.

VI. Vertragliche Erfüllungsansprüche

Die hier entwickelte Auffassung erklärt schließlich auch am deutlichsten, warum keine vertraglichen Erfüllungsansprüche bestehen[367]. Das herrschende Unternehmen ist nicht verpflichtet, Weisungen zu erteilen, schon weil die Organe, die das Interesse der Aktiengesellschaft zu vertreten haben, funktionsfähig bleiben. Aber auch umgekehrt hat das herrschende Unternehmen keine Ansprüche auf Erfüllung von Weisungen, ebensowenig wie die Hauptversammlung einen Anspruch auf Durchführung ihrer Beschlüsse hat. Vielmehr treten entsprechende körperschaftliche Sanktionen ein.

Auch der Verlustausgleichs-, Abfindungs- und Ausgleichsanspruch beruht nicht unmittelbar auf dem Einordnungsvertrag, sondern auf der durch den sogenannten Beherrschungsvertrag in Kraft gesetzten neuen Verfassungsregelung.

Aus der Rechtsnatur ergibt sich weiterhin die Unanwendbarkeit der §§ 320 ff. BGB. Der Einordnungsvertrag hat schon weil es an einer Bindung der Gesellschaft fehlt keine Ähnlichkeit mit den gegenseitigen schuldrechtlichen Verträgen. Er hat lediglich die Funktion, die Zustimmung des herrschenden Unternehmens zur Verfassungsänderung auszudrücken.

VII. Haftung des herrschenden Unternehmens

Das Gesetz regelt eine Haftung der gesetzlichen Vertreter des herrschenden Unternehmens für Pflichtverletzungen bei Erteilung von Weisungen (§ 309 Abs. 2 AktG), nicht aber des Unternehmens selbst. In der Begründung des Regierungsentwurfes[368], wird eine solche Regelung nicht für erforderlich gehalten, weil das herrschende Unternehmen „nach allgemeinen Rechtsgrundsätzen aufgrund des Vertrages“ hafte. Dabei wird an den Vertrag als Haftungsgrundlage unter dem Gesichtspunkt der positiven Vertragsverletzung gedacht worden sein[369]. Daran knüpft sich in der Literatur ein Streit um die Frage, ob der Beherr-

---

[367] *Würdinger* in Großkomm. AktG § 291 Anm. 11; zur a. A. vgl. oben Fn. 336 ff.

[368] Bei *Kropff* S. 404 f.

[369] Damit kann kein Hinweis auf die Haftung nach Durchgriffsregeln gemeint sein, schon weil die Frage nach der Verantwortlichkeit gegenüber der abhängigen Gesellschaft und nicht gegenüber ihren Aktionären und Gläubigern gestellt ist. So aber *Zartmann,* AG 1965, 98; dagegen mit dem Hinweis auf den Zusatz „aufgrund der Vertrages“ *Brachvogel* S. 126; *Biedenkopf / Koppensteiner* in Kölner Komm. AktG § 309 Rdn. 15; *Geßler* § 309 Rdn. 48.

schungsvertrag Sorgfaltspflichten begründe, die allein zu einer solchen Haftung führen könnten. Der praktische Wert einer vertraglichen Haftung sei auch nicht gering zu schätzen, wenn § 309 Abs. 4 AktG auf diesen Anspruch angewandt werde, was geboten erscheine[370]. Gegen eine vertragliche Haftung wendet sich vor allem Würdinger konsequent aufgrund seiner Auffassung vom Beherrschungsvertrag als Organisationsvertrag der keine Rechte und Pflichten begründe[371]. Herrschend dürfte dagegen wohl die Ansicht sein, die den Vertrag als Haftungsgrundlage anerkennt. Aus der vertraglichen organisatorischen Zuordnung entständen schuldrechtliche auf die Durchführung bezogene Pflichten. Aber auch wenn man den Beherrschungsvertrag als gesellschaftsrechtlichen Vertrag auffassen wolle, könne man, wie die herrschende Meinung zur Nebenleistungspflicht zeige, schuldrechtliche Vorschriften analog anwenden[372].

Die hier vertretene Auffassung entzieht einer vertraglichen Haftung des herrschenden Unternehmens die Grundlage. Nicht der Einordnungsvertrag begründet das Weisungsrecht und die damit verbundene Verantwortlichkeit sondern die Verfassungsänderung. Das Weisungsrecht ist aber in seiner, die fehlende natürliche Willensfähigkeit der juristischen Person ersetzenden Funktion, einer schuldrechtlichen Beziehung nicht vergleichbar. Es ist eine typische organisatorische Rechtsbeziehung, die entweder durch spezifische körperschaftsrechtliche Sanktionen abzusichern ist, wie z. B. die Anfechtbarkeit eines die Kompetenz der Hauptversammlung überschreitenden Beschlusses, oder aber durch eine besondere Verantwortlichkeit. Diese Verantwortlichkeit wird aber typischerweise den Organwaltern als natürlichen Trägern von Rechten und Pflichten auferlegt. Insoweit ergänzt § 309 Abs. 2 AktG das System der Verantwortlichkeit konsequent und zur Vollständigkeit. Ein darüber hinausgehendes Bedürfnis für eine Haftung besteht auch nicht, nachdem die in der abhängigen Gesellschaft wirksamen Vermögensinteressen durch eine verfassungsrechtliche Einbeziehung des herrschenden Unternehmens durch Verlustausgleichspflicht und Ausgleichszahlung Rechnung getragen wurde[373].

---

[370] *v. Falkenhausen* S. 95.

[371] In Großkomm. AktG § 309 Anm. 6, § 291 Anm. 13; gegen den Vertrag als Haftungsgrundlage auch: *Luchterhandt* S. 141; *Bachelin* S. 56; Bedenken auch bei Beuthien, DB 1969, 1781.

[372] *Baumbach / Hueck* § 309 Rdn. 1; *v. Godin / Wilhelmi* § 309 Anm. 2; *Biedenkopf / Koppensteiner* in Kölner Komm. § 309 Anm. 15; *Geßler* § 309 Rdn. 47; *Brachvogel* S. 126 f.; *v. Falkenhausen*, S. 95; *Emmerich / Sonnenschein* S. 134; vgl. Begr. Reg. E. zu § 309 bei Kropff S. 404 f.

[373] Vielfach wird auch eine Haftung des herrschenden Unternehmens nach § 309 Abs. 2 AktG i. V. m. § 31 BGB bejaht (*Bachelin* S. 56; *Mertens* S. 229, *Emmerich / Sonnenschein* S. 134). Zu den erheblichen dogmatischen Bedenken vgl. *Beuthien*, DB 1969, 1781 ff. Hinzu kommt, daß § 309 Abs. 2 AktG eine typische Verantwortlichkeit eines Organwalters begründet, die diesen als ver-

VIII. Die Kollision von Satzungsbestimmungen und Beherrschungsvertrag

In der Literatur wird darauf hingewiesen, daß der Unternehmensvertrag Satzungsbestimmungen überlagere und sie für die Zeit seines Bestandes außer Kraft setze[374]. Soweit die Satzung zwingenden Bestimmungen der gesetzlichen Regelung des Beherrschungsvertrages widerspricht, ist dieser Ansicht zuzustimmen. Auch diese Rechtsfolge kann am vollkommensten mit der hier vertretenen Auffassung erläutert werden. Nicht der Vorstand der abhängigen Gesellschaft ändert deren verfassungsrechtliche Organisation im Rahmen eines Rechtsgeschäftes mit einem Dritten, sondern die Hauptversammlung wandelt die Verfassung zwar in einer abweichenden aber der Satzungsänderung gleichwertigen Form. Zwischen der Satzung und dem Beherrschungsvertrag besteht kein Qualitäts- oder Rangunterschied, sondern der Beherrschungsvertrag stellt lediglich die spätere Verfassungsgestaltung dar.

Soweit die Satzung dispositiven gesetzlichen Bestimmungen über den Beherrschungsvertrag widerspricht, ist durch Auslegung festzustellen, ob die Satzungsbestimmungen fortgelten oder durch die neue Verfassungsregelung suspendiert werden. Ergeben sich daraus keine Anhaltspunkte, so gilt die Satzung fort.

Dementsprechend bleibt auch eine spätere Satzungsänderung jederzeit möglich, soweit sie die Rechte des herrschenden Unternehmens nicht beeinträchtigt. Soll das verhindert werden, weil die Verfassungsregelung in der Satzung einen Teil im Sinnzusammenhang der beherrschungsvertraglichen Verfassung darstellt, so muß sie in den Beherrschungsvertrag aufgenommen werden, selbst wenn sie die Satzungsbestimmung inhaltsgleich wiederholt. Satzungsänderungen, die den Beherrschungsvertrag aushöhlen, sind dagegen nicht zulässig, da das herrschende Unternehmen sich nur im Hinblick auf eine bestimmte Verfassungsstellung in die abhängige Person eingeordnet hat und dadurch eine Stellung erlangt hat, die einen sonderberechtigten Aktionär vergleichbar ist.

---

nunftbegabtes und willensfähiges Pflichtsubjekt trifft. Einleuchtender wäre es deshalb, mit *Beuthien* in Anlehnung an § 309 AktG eine Pflicht des herrschenden Unternehmens unmittelbar zu begründen (vgl. *Geßler* § 309 Rdn. 50; *Mertens* S. 229). Die Interessenlage rechtfertigt dies jedoch kaum.

[374] *Würdinger* in Großkomm. AktG § 293 Anm. 10; *Emmerich / Sonnenschein* S. 105; *Geßler* § 291 Rdn. 20.

§ 7. Die Rechtsnatur des Eingliederungsaktes

A. Behandlung in der Literatur und Rechtsprechung

Auf die rechtliche Natur der Eingliederung wurde in der Literatur bisher nur selten eingegangen. Es wird darauf hingewiesen, daß zwischen den Konzernunternehmen kein Vertrag geschlossen werde[375]. Anders als bei den Unternehmensverträgen sei die Eingliederung ein körperschaftsrechtlicher Akt und habe daher keine vertraglichen Beziehungen zur Grundlage[376].

Auch in der bisher einzigen zur Eingliederung veröffentlichten Entscheidung des Oberlandesgericht Celle[377], sieht das Gericht davon ab, auf die Rechtsnatur der Eingliederung einzugehen, obgleich derartige Überlegungen die aus dem Zusammentreffen der Eingliederung mit einem zwei Jahre zuvor geschlossenen Beherrschungsvertrag entstandenen Fragen hätten durchsichtiger machen können.

B. Die Voraussetzungen der Eingliederung

Die Voraussetzungen für eine wirksame Eingliederung lassen sich in vier Elemente unterteilen.

Als tatsächliche Voraussetzung müssen sowohl einzugliedernde als auch zukünftige Hauptgesellschaft Aktiengesellschaften mit Sitz im Inland sein (§ 319 Abs. 1 AktG). Die zukünftige Hauptgesellschaft muß zu mindestens 95 % an dem Grundkapital der einzugliedernden Gesellschaft beteiligt sein (§ 320 Abs. 1 AktG).

Das wesentliche Willenselement der Eingliederung bildet der Hauptversammlungsbeschluß der einzugliedernden Gesellschaft. Er ist seiner äußeren Gestalt nach weder Willenserklärung der Hauptgesellschaft noch Willenserklärung der einzugliedernden Gesellschaft, sondern deren interner Willensbildungsakt. Er wird aber allein von der Willenserklärung der Hauptgesellschaft durch Stimmabgabe getragen.

Die Hauptversammlung der zukünftigen Hauptgesellschaft muß der Eingliederung durch Beschluß zustimmen, und schließlich ist die Ein-

---

[375] *Biedenkopf / Koppensteiner* in Kölner Komm. AktG Vor § 319 Rdn. 10; *Emmerich / Sonnenschein* S. 51; *v. Godin / Wilhelmi* Vor § 291 Anm. 5; *Grochla* S. 191; *H. Wilhelmi,* AG 1965, 350.

[376] *v. Godin / Wilhelmi* § 323 Anm. 3.

[377] Urteil vom 28. 6. 1972, DB 1972, 1816 ff. = AG 1972, 283 ff.

gliederung in das Handelsregister der einzugliedernden Gesellschaft einzutragen.

C. Die der Eingliederung zugrundeliegende Struktur

Die enge Ausgestaltung der Beziehungen zwischen den beiden Gesellschaften hat zu Vergleichen mit der Verschmelzung angeregt. So nennt Flume die Eingliederung eine Fusion unter Aufrechterhaltung der Rechtspersönlichkeit oder eine unechte Fusion, die aber materiell eine Fusion sei[378]. Ballerstedt bezeichnet die Eingliederung als eine Verschmelzung auf Zeit[379] und Biedenkopf / Koppensteiner ordnen die Eingliederung systematisch zwischen Beherrschungsvertrag und Fusion ein[380]. Diese Beschreibungen rücken den wirtschaftlichen Tatbestand in den Vordergrund und haben für eine systematische Einordnung nur geringe Aussagekraft. Zu diesem Zweck ist vielmehr zwischen den strukturellen Gegebenheiten, die der unternehmenszusammenfassende Rechtsakt voraussetzt, und der durch den Akt entstehenden neuen rechtlichen Ordnung zu unterscheiden.

Wie die beherrschungsvertraglichen Unternehmenszusammenfassungen[381] beruht auch die Verschmelzung nicht auf einer bestehenden mitgliedschaftlichen Verbindung, sondern allein auf dem übereinstimmenden Willen der Mitglieder. Die gesetzliche Konzeption geht davon aus, daß es sich um zwei gleichberechtigte und unabhängig gegenüberstehende Gesellschaften handelt, die sich durch jeweils mit qualifizierter Mehrheit gefaßte Beschlüsse zu einer Vereinigung entschließen[382]. Im Gegensatz zum Beherrschungsvertrag und zur Verschmelzung baut die übertragende Umwandlung auf einer 90%igen Kapitalbeteiligung auf (§ 15 UmwG)[383]. Umzuwandelnde Gesellschaft und übernehmender Ge-

---

378 Konzernrechtliche Gestaltung, S. 68; Grundfragen, S. 47.

379 Probleme, S. 901.

380 In Kölner Komm. AktG Vor § 319 Rdn. 3.

381 Siehe oben bei Fn. 309.

382 Auch die Verschmelzung ist dogmatisch noch nicht befriedigend durchdrungen (vgl. *Kraft* in Kölner Komm. AktG § 341 Rdn. 2 ff.). Die hier dargelegte Auffassung vom Beherrschungsvertrag könnte einen Ansatzpunkt für eine neue dogmatische Auffassung der Verschmelzung bilden. Die Änderung der verfassungsrechtlichen Beziehungen kann ebenso durch die Beschlüsse bewirkt werden. Deshalb erscheint auch die Einordnung des Verschmelzungsvertrages als Organisationsvertrag (*Würdinger,* AktR, S. 210 f.) zweifelhaft. Dem Vertrag bleibt danach allenfalls eine auf die Durchführung der Verschmelzung gerichtete technische Bedeutung (vgl. dazu *Baumbach / Hueck* § 341 Rdn. 6).

383 Die von der Eingliederung abweichende Höhe der Kapitalbeteiligung ist aus der Entstehung des § 15 UmwG zu verstehen. Das unsprüngliche Mehrheitserfordernis von 75 % hatte dazu geführt, daß die rechtlichen Möglichkeiten des Gesetzes auch für Zwecke genutzt wurden, für die ein echtes wirtschaftliches Bedürfnis nicht anerkannt werden kann und für die der Gesetz-

sellschafter stehen sich nicht gleichrangig gegenüber, sondern es besteht bereits eine mitgliedschaftliche Abhängigkeit.

Die Eingliederung hat wie die übertragende Umwandlung ihre systematische Grundlage in der mindestens 95%igen Kapitalbeteiligung der zukünftigen Hauptgesellschaft an der einzugliedernden Gesellschaft und damit in einer mitgliedschaftlichen Struktur.

In den neu geschaffenen Rechtsbeziehungen stehen sich dagegen beherrschungsvertragliche Zusammenfassung und Eingliederung näher. Nicht eine neue rechtliche Einheit wird geschaffen, sondern die beiden juristischen Personen werden organisatorisch verbunden. Der Unterschied in der Struktur der Voraussetzungen pflanzt sich jedoch insofern fort, als sich die Rechtsbeziehungen bei der Eingliederung als besondere Ausgestaltung der mitgliedschaftlichen Rechte deuten lassen. Beim Beherrschungsvertrag werden von der Mitgliedschaft unabhängige aber körperschaftliche Rechtsbeziehungen begründet.

D. Die Interessenstruktur und Funktion der Eingliederungsverfassung

Da die eingegliederte Gesellschaft als Rechtssubjekt erhalten bleibt und damit Anknüpfungspunkt von Rechtsbeziehungen bildet, behält ihre Organisation unverändert die Aufgabe, die in der Gesellschaft verkörperten Interessen auszugleichen. Dennoch erscheint es fraglich, ob es erforderlich ist, der Gesellschaft zu diesem Zweck die Verfolgung eines formalen Eigeninteresses zu verordnen, und es ist ebenso zweifelhaft, ob die gesetzliche Regelung dies getan hat.

Als mitgliedschaftliches Interesse ist in der eingegliederten Gesellschaft allein das Erwerbsinteresse der Hauptgesellschaft wirksam. Unterschiedliche Aktionärsinteressen sind bei der Eingliederung nach § 320 AktG beseitigt worden, indem die Minderheitsaktionäre darauf verwiesen wurden, ihre Interessen im Rahmen der größeren Einheit der Hauptgesellschaft zu verfolgen. Darin lag das wesentliche Motiv für die

---

geber die Vorschrift nicht geschaffen hatte (vgl. Begr. Reg. E. zu § 39 EG AktG bei *Kropff* S. 566). Im Hinblick auf die Entrechtung der Minderheit wurde das 75 %ige Mehrheitserfordernis für fragwürdig gehalten (vgl. *Fechner,* E. u. P. *Schneider:* Verfassungswidrigkeit und Rechtsmißbrauch im Aktienrecht. Tübingen 1960, S. 21 f. m. w. N.; BVerfGE 14, 263). Das Mehrheitserfordernis wurde deshalb in § 39 Abs. 1 Nr. 6 EG AktG von 75 % auf 90 % heraufgesetzt. Das 90 %ige Mehrheitserfordernis der Eingliederung entspringt einer gegenläufigen Überlegung. War die Eingliederung grundsätzlich als ein Instrument zur Zusammenfassung 100 %ig beteiligter Unternehmen konzipiert, so sollte diese wegen ihrer Interessenklarheit erstrebenswerte Form nicht daran scheitern, daß sich eine kleine Minderheit von Aktien in den Händen bekannter oder unbekannter anderer Aktionäre befindet (Begr. Reg. E. zu § 320 bei *Kropff* S. 424).

Schaffung dieser neuen Form einer Unternehmensverbindung[384]. Das Erwerbsinteresse der Hauptgesellschaft kann auf der Stufe der eingegliederten Gesellschaft als deren eigenes Erwerbsinteresse, aber auch als deren Unterstützungsinteresse definiert sein. Gestattet die Hauptgesellschaft der eingegliederten Gesellschaft ein eigenes Erwerbsinteresse zu verfolgen, so doch nur aus betriebswirtschaftlichen Überlegungen, etwa um Eigeninitiative zu wecken oder zur besseren Erfolgskontrolle. Es ist aber nur vom Interesse der Hauptgesellschaft abgespalten, und der Vorstand der Hauptgesellschaft hat es mit diesem in Übereinstimmung zu bringen.

Damit sind zwar Spannungen zwischen verschiedenen Aktionärsinteressen vermieden, nicht aber zwischen den Interessen der Hauptgesellschaft und denen der Gläubiger der eingegliederten Gesellschaft. In dem Maße, in dem die Organisation der Aktiengesellschaft zur Unternehmensorganisation ausgebaut und die Interessen der Arbeitnehmer anerkannt werden, sind weitere mögliche Interessengegensätze in den Verfassungsbereich einbezogen.

Indes erfordert auch der Schutz der Gläubiger nicht, ein vom Interesse der Hauptgesellschaft unterschiedliches formal eigenes Interesse der eingegliederten Gesellschaft durch entsprechende Schutzbestimmungen aufrecht zu erhalten[385]. Nach der gesetzlichen Ausgestaltung sind die Gläubiger der eingegliederten Gesellschaft durch Mithaftung der Hauptgesellschaft und durch den Verlustausgleichsanspruch der eingegliederten Gesellschaft in einem Konkurs der beiden Gesellschaften sogar erheblich besser geschützt als die Gläubiger der Hauptgesellschaft. Ihnen haftet einerseits nach § 322 Abs. 1 AktG die Hauptgesellschaft, andererseits auch die eingegliederte Gesellschaft. Zudem ist deren Konkursquote in jedem Fall höher als die Konkursquote der Hauptgesellschaft, denn die Verlustausgleichsforderung gegen die Hauptgesellschaft besteht nicht nur in der Höhe ihrer ungedeckten Verbindlichkeiten, sondern ist noch um das Grundkapital erhöht. Die Wirkung dieses unabdingbaren gesetzlichen Gläubigerschutzes verstärkt sich im tiefgestaffelten Eingliederungskonzern. Ob die erhebliche Bevorzugung der Gläubiger der eingegliederten Gesellschaft zu Lasten der Gläubiger der Hauptgesellschaft durch restriktive Auslegung abzumildern ist, mag hier dahinstehen. Jedenfalls erfordert der Gläubigerschutz nicht die Aufrechterhaltung eines formalen Eigeninteresses der eingegliederten Gesellschaft[386]. Auch die kaum sinnvoll zu deutende Begrenzung der

---

[384] Vgl. Begr. Reg. E. Vor § 319 bei *Kropff* S. 421.

[385] Vgl. Begr. Reg. E. Vor § 319 bei *Kropff* S. 421.

[386] Die außerordentlich unübersichtliche Gläubigersicherung ist bisher kaum kritisiert worden. Einen ausreichenden Schutz der Gläubiger während des Bestehens der Eingliederung dürfte — neben § 321 AktG — eine Haftung der Hauptgesellschaft im Konkurs der eingegliederten Gesellschaft bieten.

Gewinnabführung (§ 324 Abs. 2 Satz 3 AktG)[387] oder die Verantwortlichkeit der Vertreter der Hauptgesellschaft gegenüber der eingegliederten Gesellschaft (§§ 323 Abs. 1 Satz 2 i. V. m. 309 AktG) kann nicht zugunsten eines aufrechterhaltenen Eigeninteresses gedeutet werden[388]. Beide Vorschriften wurden aus der Regelung des Beherrschungsvertrages übernommen, ohne daß ihre unterschiedliche Funktion im Rahmen der Eingliederung bedacht worden wäre[389]. Bei der Eingliederung besteht kein Grund, die vollständige Verschmelzung der Interessen zu verhindern. Nur so kann das gesetzgeberische Ziel erreicht werden, unkontrollierbare Schranken innerhalb einer wirtschaftlichen Einheit zu vermeiden[390].

Der Organisation der eingegliederten Gesellschaft verbleibt demnach allein die Aufgabe, durch eine lückenlose Verknüpfung mit der Organisation der Hauptgesellschaft den Interessenausgleich im Rahmen dieser größeren Einheit abzusichern. Da die Hauptgesellschaft auch Aktiengesellschaft ist, besteht bei der Eingliederung im Gegensatz zum Beherrschungsvertrag die Möglichkeit in der größeren Einheit eine gleichwertige Sicherheit aufzubauen.

E. Die durch die Eingliederung entstehenden Rechtsbeziehungen

Die Eingliederung wurde zwar in Anlehnung an den Beherrschungsvertrag gesetzlich geregelt, die Rechtsbeziehungen sind dennoch teilweise inhaltlich abweichend ausgestattet.

Das gilt für den Aktienübergang (§ 320 Abs. 4 Satz 1 AktG), der für den Minderheitsaktionär den Verlust seiner Mitgliedschaft an den Hauptaktionär bedeutet. Als Rechtsbeziehung zwischen Aktionären mit Verfügungscharakter findet sie im deutschen Aktienrecht keine Parallele[391]. Dennoch ist sie körperschaftsrechtlicher Natur. Die Grundlage für den Entzug der Mitgliedschaft ohne Einflußmöglichkeit des Aktionärs kann nur im Verfassungsrecht der Körperschaft gefunden werden.

---

387 Nach *Biedenkopf / Koppensteiner* (in Kölner Komm. AktG § 324 Rdn. 7) verbietet die Vorschrift Gewinnabführungen in verlustbegründender Höhe. Das kann sich jedoch allenfalls auf offene Gewinnabführungen beziehen und erscheint bei den vielen Möglichkeiten verdeckter Gewinnausschüttungen kaum sinnvoll. Für eine bloße steuerrechtliche Bedeutung *Würdinger* in Großkomm. AktG § 324 Anm. 4.

388 Zu den Zweifeln an der Berechtigung der Regelung vgl. unten S. 103 f. *Mestmäcker* (FS Kronstein, S. 136) schließt aus der Verantwortlichkeit der Vertreter des herrschenden Unternehmens gegenüber der beherrschten Aktiengesellschaft im Rahmen des Beherrschungsvertrages ein eigenständiges Vermögensinteresse dieser Gesellschaft.

389 Vgl. Begr. Reg. E. zu § 323 bei *Kropff* S. 427 und zu § 324 bei *Kropff* S. 428.

390 *Würdinger*, DB 1972, 1565 (1566).

391 Siehe oben Fn. 188.

Die gesetzlich inhaltlich festgelegte Eingliederungsverfassung ist potentieller Bestandteil der Verfassung jeder Aktiengesellschaft. Der Aktienübergang ist deshalb eine mit der Verwirklichung des Eingliederungstatbestandes entstehende individuelle und konkrete körperschaftsrechtliche Rechtsbeziehung.

Das Abfindungsverhältnis hat zwar als Ersatz für die Mitgliedschaft einen verfassungsrechtlichen Ursprung, richtet sich dann aber gleich einem durch Gesetz begründeten schuldrechtlichen Anspruch gegen die Hauptgesellschaft als nunmehr alleinigen Aktionär der eingegliederten Gesellschaft. Der Abfindungsanspruch ist damit dem Anspruch des Aktionärs auf einen Anteil am Jahresgewinn vergleichbar, der ebenfalls nach dem Beschluß über die Verwendung des Jahresgewinnes aus den körperschaftsrechtlichen Beziehungen gelöst und gleich einem schuldrechtlichen Anspruch eines Dritten gegen die Körperschaft gerichtet ist[392]. Inhalt des Abfindungsanspruches ist eine Abfindung in angemessener Höhe, eine Zuwendung, die zwar ihre causa in dem Eingliederungsakt findet, ohne aber zu dem Aktienübergang in synallagmatischer Beziehung zu stehen. Die §§ 320 ff. BGB sind deshalb unanwendbar. Andere schuldrechtliche Vorschriften, insbesondere die Verzugsvorschriften, können dagegen entsprechend angewandt werden[393].

Die Pflicht zur Sicherheitsleistung (§ 321 AktG) ist eine verfassungsrechtliche Begünstigung der Gläubiger, wie sie dem Aktienrecht eigentümlich ist[394]. Dabei kommt es nicht auf den Streit an, ob primär die eingegliederte Gesellschaft oder die Hauptgesellschaft zur Sicherheitsleistung verpflichtet ist[395]. Auch wenn die Pflicht die Hauptgesellschaft unmittelbar aufgrund des § 321 AktG trifft, handelt es sich um eine Pflicht, die das Mitglied belastet, nicht aber die Hauptgesellschaft als Dritten. Die Regelung ist durch die Meldung der Gläubiger tatbestandsbedingt und begründet dann einen das Gläubigerrecht begleitenden Anspruch.

Entsprechendes gilt für die Mithaftung der Hauptgesellschaft (§ 322 AktG), die als eine der Hauptgesellschaft als Mitglied auferlegte verfassungsrechtliche Pflicht verstanden werden kann. Als Gegenstück zur Aufweichung des Prinzips der Drittorganschaft und zur Lockerung der Vermögensverfassung wandelt sie den Grundsatz des Kapitalgesellschaftsrechtes ab, demgemäß die Mitglieder allein die Einlagepflicht

---

[392] Siehe oben Fn. 302.

[393] Das OLG Celle, DB 1972, 1816 (1818) bejaht in einem orbiter dictum einen Anspruch auf Verzugsschaden.

[394] Vgl. oben S. 19 und 36.

[395] Eingegliederte Gesellschaft: *Baumbach / Hueck* § 321 Rdn. 3; *Biedenkopf / Koppensteiner* § 321 Rdn. 3; *Werner*, AG 1967, 102 (126); a. A.: Institut „Finanzen und Steuern" Nr. 88 S. 35 zitiert bei *Werner* a.a.O.

trifft[396]. Das Gesetz hat eine dem Durchgriff ähnliche Regelung in die Form der Gesamtschuldnerschaft gekleidet und damit grundsätzlich eine Primärhaftung der Hauptgesellschaft angeordnet.

Die Verlustausgleichspflicht (§ 324 Abs. 3 AktG) kann im Rahmen der Eingliederung als Nachschußpflicht mitgliedschaftlicher und damit verfassungsrechtlicher Natur gedeutet werden. Sie übernimmt wie die Verlustausgleichspflicht des herrschenden Unternehmens beim Beherrschungsvertrag die Garantie des Grundkapitals und gewinnt damit für die Vermögensbindung der eingegliederten Gesellschaft und deren Verknüpfung mit der Vermögensbindung der Hauptgesellschaft eine entscheidende Bedeutung. Die Vermögensbindung kann nur dann im Rahmen einer neuen Einheit ihre Sicherungsaufgabe erfüllen, wenn die Verlustausgleichspflicht als körperschaftsrechtliche und damit gegenüber einer schuldrechtlichen bestandskräftigere Rechtsbeziehung aufgefaßt wird. Das gilt bei der Eingliederung noch stärker als beim Beherrschungsvertrag[397].

Für den Erlaß und den Verzicht, für die Aufrechenbarkeit und Abtretbarkeit sowie für das Zurückbehaltungsrecht gilt das zum Beherrschungsvertrag Gesagte[398]. Die Verlustausgleichspflicht kann bei der Eingliederung im Gegensatz zum Beherrschungsvertrag durch eine Kapitalherabsetzung verringert oder im Einzelfall beseitigt werden. Die Zulässigkeit ergibt sich schon daraus, daß eine Kapitalherabsetzung die Übersicherung der Gläubiger der eingegliederten Gesellschaft zu Lasten der Gläubiger der Hauptgesellschaft mildert[399]. Einen Schutz der eingegliederten Gesellschaft bezweckt die Verlustausgleichspflicht nicht[400]. Schließlich wäre auch diese Einwirkungsmöglichkeit der Hauptgesellschaft auf die Verlustausgleichspflicht für eine schuldrechtliche Rechtsbeziehung ungewöhnlich.

Auch das Weisungsrecht der Eingliederung ist körperschaftsrechtlicher Natur. Konnte schon im Rahmen des Beherrschungsvertrages das herrschende Unternehmen zutreffend nur als körperschaftsrechtlich in den Innenkreis der abhängigen Aktiengesellschaft einbezogenes Willensbildungsorgan gesehen werden, so gilt das umso mehr bei der Eingliederung[401].

---

396 Vgl. Begr. Reg. E. zu § 322 bei *Kropff* S. 426; *Baumbach / Hueck* Vor § 319 Rdn. 2; *Biedenkopf / Koppensteiner* in Kölner Komm. § 322 Rdn. 2.

397 A. A. auch zur Eingliederung *Würdinger* in Großkomm. AktG § 323 Anm. 8; zum Beherrschungsvertrag vgl. oben S. 73 f.

398 Siehe oben S. 74.

399 Siehe oben S. 99; vgl. *Würdinger,* DB 1972, 1565 (1566).

400 Begr. Reg. E. zu § 324 bei *Kropff* S. 429.

401 Vgl. *Würdinger* in Großkomm. AktG Vor § 319 II 3 b.

Soweit die Hauptgesellschaft damit zum Funktionsträger der eingegliederten Gesellschaft wird, gleichen sich beide Weisungsrechte. Sie unterscheiden sich jedoch darin, daß sie einziges Mitglied der eingegliederten Gesellschaft ist. Zwar bleibt auch bei der Einmanngesellschaft grundsätzlich das Prinzip der Fremdorganschaft erhalten, durch den Eingliederungsakt wird es aber durchbrochen. Die Hauptgesellschaft als Alleinaktionär ist nicht zur Leitung verpflichtet, aber berechtigt und ihre Organe sind entsprechenden Sorgfaltspflichten unterworfen, wenn sie von ihrem Weisungsrecht Gebrauch macht. Das ausnahmsweise weisungsberechtigte Mitglied steht in dieser Funktion zwischen dem Leitungsorgan Vorstand und den mitgliedschaftlichen Kontrollorganen Aufsichtsrat und Hauptverwaltung.

Die Begründung des Weisungsrechtes in dem durch § 323 Abs. 2 AktG gekennzeichneten Umfang verändert stärker noch als beim Beherrschungsvertrag nicht nur die Verwaltungs-, sondern zugleich die Vermögensverfassung. Die wichtigsten Vorschriften zur Kapitalerhaltung können durch eine Weisung außer Kraft gesetzt werden.

Die Vorschriften über die Verantwortlichkeit der Mitglieder des Vorstandes und des Aufsichtsrates der eingegliederten Gesellschaft (§§ 323 Abs. 1 Satz 2 i.V. m. 310 AktG) ziehen die Konsequenzen aus der geänderten Zuständigkeit für die Willensbildung und teilen die körperschaftsrechtliche Natur der Regelungen, die sie abwandeln (§§ 93, 116 AktG).

Die Verantwortlichkeit der Verwaltungsmitglieder der Hauptgesellschaft gegenüber der eingegliederten Gesellschaft (§§ 323 Abs. 1 Satz 2 i. V. m. 30 AktG) ist eine typisch konzernrechtliche Haftung. Sie erscheint durch den Grundsatz der Verknüpfung von Leitungsmacht und Verantwortung[402] bedingt. Zwar überträgt das Gesetz das Weisungsrecht der Hauptgesellschaft, die Verantwortlichkeit als persönliche Sanktion kann aber nur natürlichen Personen als Organwaltern auferlegt werden, die auch natürliche Pflichten tragen können.

Die Verantwortlichkeit ist durch Verweisung aus der Regelung des Beherrschungsvertrages übernommen worden. Ihre Berechtigung im Rahmen der Eingliederung erscheint jedoch zweifelhaft, nachdem die Unternehmenszusammenfassung über die des Beherrschungsvertrages hinaus zu einer Interesseneinheit und einer Quasi-Haftungseinheit entwickelt wurde. Auch wenn sich der Schaden einer sorgfaltspflichtwidrigen Weisung tatsächlich bei der eingegliederten Gesellschaft realisiert — und nur ein solcher Schaden kann die Verantwortlichkeit des § 323 Abs. 1 Satz 2 AktG begründen — so verletzt der Vorstand zugleich eine

---

[402] Der Grundsatz hat seinen Ausdruck in den §§ 93 und 116 AktG gefunden.

ihm gegenüber der Hauptgesellschaft obliegende Sorgfaltspflicht und auch sie wird mittelbar geschädigt. Deshalb sind die Verwaltungsmitglieder bereits nach §§ 93, 116 AktG der Hauptgesellschaft gegenüber zum Ersatz verpflichtet. Die Verantwortlichkeit stellt somit für die Mitglieder der Verwaltung der Hauptgesellschaft keine weitere Belastung dar. Sie ändert weder den Maßstab der Sorgfaltspflicht, der durch das einheitliche Interesse von eingegliederter und Hauptgesellschaft bestimmt wird, noch ändert sie den Umfang des Schadenersatzanspruchs. Die Vorschrift berechtigt lediglich zusätzlich die eingegliederte Gesellschaft zum Ersatz des Schadens. Dessen bedarf es aber nicht, da die eingegliederte Gesellschaft kein vom Interesse der Hauptgesellschaft abweichendes eigenes Interesse — also auch kein Interesse am Schadenersatz — hat und da schließlich auch die Gläubiger nicht zusätzlich gesichert werden. Zwar können die Gläubiger der eingegliederten Gesellschaft diesen Anspruch unter den Voraussetzungen des § 309 Abs. 4 Satz 3 AktG selbst geltend machen, jedoch können sie als Gläubiger der Hauptgesellschaft (§ 322 AktG) auch deren Anspruch gegen die Verwaltungsmitglieder verfolgen[403].

Verantwortlich sind zwar die Organe der Hauptgesellschaft. Die Verantwortlichkeit beruht aber auf der Verfassung der eingegliederten Gesellschaft, die durch die Eingliederung in Kraft gesetzt wird, und knüpft lediglich tatbeständlich an die Verfassung der Hauptgesellschaft an, ohne sie zu verändern.

F. Die Funktion des Eingliederungsaktes

I. Verfassungsumgestaltung durch den Eingliederungsakt

Die vorangegangene Untersuchung hat gezeigt, daß alle infolge der Eingliederung entstehenden Rechtsbeziehungen entweder verfassungsrechtlicher Natur sind, wie z. B. das Abfindungsverhältnis, oder doch typischerweise vom Verfassungsrecht geprägt sind, wie die die Gläubiger begünstigende Pflicht zur Sicherheitsleistung. Die bedeutendste Funktion des Eingliederungsaktes liegt in der Umgestaltung der Verfassung und zwar vor allem der mitgliedschaftlichen Rechte und Pflichten. Hinzu kommt die Gestaltung der körperschaftlichen Rechtsbeziehungen zu den Minderheitsaktionären, die im Gegensatz zum Beherrschungsvertrag aber nur auf Abwicklung angelegt sind, und die Regelung des Gläubigerschutzes. Die Beziehungen zwischen der juristischen Person und ihrem nunmehr einzigen Mitglied werden verdichtet, indem einerseits der Grundsatz der Fremdorganschaft durchbrochen und die

---

[403] *Würdinger* in Großkomm. AktG § 323 Anm. 13; *Biedenkopf / Koppensteiner* in Kölner Komm. AktG § 323 Rdn. 7 f.

Vermögensbindung gelockert wird, andererseits die haftungsbeschränkende Wirkung der Kapitalgesellschaft durch die Mithaftung und die Verlustausgleichspflicht im Ergebnis aufgehoben wird.

Die wirtschaftliche Eingliederung der Aktiengesellschaft in die Hauptgesellschaft wird systematisch wie beim Beherrschungsvertrag durch die Eingliederung der Hauptgesellschaft in die eingegliederte Gesellschaft durch Änderung deren Verfassung erreicht. Die Verfassung der Hauptgesellschaft bleibt unverändert. Trotz der körperschaftsrechtlichen Natur der Beziehung tritt die Hauptgesellschaft der eingegliederten nur als juristische Einheit, einem Organwalter ähnlich, gegenüber. Der Zustimmungsbeschluß der Hauptversammlung der zukünftigen Hauptgesellschaft ist deshalb kein verfassungsändernder Beschluß. Er ist lediglich als Zustimmung zu einem bedeutsamen, aber rein körperschaftsexternen Rechtsgeschäft der durch den Vorstand vertretenen Aktiengesellschaft zu werten[404].

II. Keine Interessenausgleichsfunktion

Der Beherrschungsvertrag hat den Ausgleich der Interessen herbeizuführen, der zwischen der Aushöhlung der mitgliedschaftlichen Mitwirkungsrechte durch das Weisungsrecht und durch die weisungsbedingte Lösung der Vorstandspflichten von einem Eigeninteresse der Aktiengesellschaft einerseits und den Bedingungen, unter denen die Mitgliedschaft aufgegeben werden kann, sowie einem angemessenen Ausgleich andererseits zu suchen ist. Der Eingliederungsakt ist dieser Funktion entkleidet. In einer zutreffenden Wertung der bei der Eingliederung wirksamen Einflüsse, setzt das Gesetz kein Vertrauen in eine ausgehandelte Abfindungsregelung, sondern gewährt von vornherein einen gesetzlichen[405] Anspruch in angemessener Höhe. Daraus wird zugleich deutlich, daß der Vorstand der einzugliedernden Gesellschaft darüber zu wachen hat, daß bei der Eingliederung die Gesetze beachtet werden (§ 243 Abs. 1 AktG), nicht aber darüber hinaus ein eigenes Interesse der einzugliedernden Gesellschaft dem Hauptaktionär gegenüber verteidigen kann.

Während dem Beherrschungsvertrag noch in begrenztem Umfang die Aufgabe verbleibt, die Rechtsbeziehungen inhaltlich zu gestalten, ist

---

[404] Vgl. zu dem insoweit vergleichbaren Zustimmungsbeschluß der Aktiengesellschaft als herrschendem Unternehmen beim Beherrschungsvertrag oben Fn. 308 und die Begr. Reg. E. zu § 319 bei *Kropff* S. 422.

In DJT-Konzernrecht Tz. 711 wird empfohlen, die Zustimmung nicht zu verlangen, wenn alle Aktien der abhängigen Gesellschaft dem herrschenden Unternehmen gehören.

[405] *Biedenkopf / Koppensteiner* in Kölner Komm. AktG § 320 Rdn. 18; a. A. *v. Godin / Wilhelmi* § 320 Anm. 7, der eine einseitige rechtsverbindliche Erklärung des Hauptaktionärs annimmt.

die Verfassungsänderung bei der Eingliederung im Gesetz vollständig festgelegt und wird durch den Eingliederungsakt lediglich in Kraft gesetzt.

III. Beteiligungsfunktion

Die rechtstechnische Organisation als Beschluß oder Vertrag bezweckt gleichermaßen einen bestimmten Kreis von Personen mit bestimmtem Einfluß an dem Rechtsgeschäft zu beteiligen. Den die Verfassung ändernden Teil des Eingliederungsaktes hat das Gesetz als Beschluß der einzugliedernden Gesellschaft ausgestaltet. Damit beteiligt es formal alle Aktionäre der Gesellschaft. Die Hauptgesellschaft ist in der körperschaftsinternen Form des Beschlusses als Mitglied und nicht als Dritte beteiligt. Zugleich ist damit der Kreis derer erschöpft, die durch die verfassungsrechtlichen Regelungen belastet werden. Die nachteilige Änderung von Rechtsstellungen beschränkt sich auf die Mitglieder der eingegliederten Gesellschaft, seien es die Minderheitsaktionäre, sei es die Hauptgesellschaft als Aktionär. Die Verantwortlichkeit der Verwaltungsmitglieder bildet nur scheinbar eine Ausnahme. Sie begründet jedoch keine zusätzliche Pflicht, sondern berechtigt lediglich auch die eingegliederte Gesellschaft zum Schadenersatz im Fall der Verletzung einer Sorgfaltspflicht, den der Vorstand der Hauptgesellschaft auch seiner eigenen Gesellschaft gegenüber zu leisten hätte[406].

Formal sind zwar alle Aktionäre am Beschluß beteiligt, die Minderheitsaktionäre haben indes keinerlei Einfluß. Das Beschlußergebnis hängt allein von den Stimmen der zukünftigen Hauptgesellschaft ab. Das Gesetz hat die Eingliederung vom Willen der Minderheitsaktionäre gelöst und hat deren Schutz selber übernommen. Der Beschluß stellt lediglich eine Form für die allein ausschlaggebende Willenserklärung der Hauptgesellschaft dar und erfüllt nur noch formale Funktionen.

G. Die rechtsgeschäftliche Natur des Eingliederungsaktes

Die einzelnen Rechtswirkungen der Eingliederung sind gesetzlich abschließend festgelegt und beruhen unmittelbar auf der gesetzlichen Regelung. Anders als beim Beherrschungsvertrag geht das Mitgliedschaftsrecht kraft Gesetzes über[407], ebenso wie das Abfindungsverhältnis gesetzlich entsteht[408]. Die Aktien werden weder durch Vertrag übertragen, da es einer Erklärung der Minderheitsaktionäre nicht bedarf, noch beruht der Abfindungsanspruch auf einer einseitigen rechtsverbind-

---

406 Siehe oben S. 103 f.

407 *Biedenkopf / Koppensteiner* in Kölner Komm. AktG § 320 Rdn. 15. Deshalb werden auch Veräußerungsverbote überwunden.

408 Siehe oben Fn. 405.

lichen Erklärung des Hauptaktionärs, denn der Anspruch besteht nicht in der Höhe des Angebotes, sondern in angemessener Höhe (§ 320 Abs. 5 Satz 1 AktG). Das Angebot hat nur eine technische Funktion. Es konkretisiert den Inhalt des gesetzlichen Anspruchs zunächst seiner Mindesthöhe nach und schließlich endgültig, wenn kein Antrag auf gerichtliche Festsetzung gestellt wird. Aktienübergang und Abfindung sind untrennbar in die Verfassungsumgestaltung durch die Eingliederungserklärung des Hauptaktionärs eingebunden. Im Gegensatz zum Beherrschungsvertrag, der dem Minderheitsaktionär eine Ausgleichszahlung zur Wahl stellt, gibt es bei der Eingliederung keine Alternative, sodaß ein gesondertes Rechtsgeschäft sich auch erübrigt.

Der Eingliederungsbeschluß ist dennoch willensgetragene rechtsgeschäftliche Erklärung und nicht bloßes Tatbestandsmerkmal für die daran geknüpften gesetzlichen Rechtsfolgen. Es ist jedoch nicht erforderlich, daß alle gesetzlichen Rechtsfolgen vom Willen umfaßt werden[409]. Rechtsgeschäfte, deren Inhalt abschließend festgelegt ist und die den Partnern des Rechtsgeschäftes nur die Eingehungsfreiheit belassen, sind selbst dem bürgerlichen Recht bekannt, wie z. B. die Adoption und die Eheschließung[410]. Die Eingliederungsvorschriften können als Wahlnormen bezeichnet werden, ein Begriff, unter dem Meyer-Cording sowohl die Satzung versteht, die durch Beitritt, als auch die gesetzliche Ausgestaltung der Ehe, die durch die Eheschließung gewählt wird[411]. Dabei darf jedoch ein wesentlicher Unterschied zwischen den beiden als Wahlnorm bezeichneten Regelungen nicht übersehen werden. Die Wahlregelung, die durch den Beitritt gültig wird, ist privatautonom gestaltet worden, die Rechtsfolgen der Eheschließung sind aber ebenso wie die des Eingliederungsbeschlusses gesetzlich festgelegt. Ähnlich sind sich beide Fälle aber darin, daß die bereitliegenden umfassenden und abschließenden Regelungen die Anforderungen an die Präzision der rechtsgeschäftlichen Willenserklärungen und entsprechend an die sie tragenden Willen mindern.

Auch in den engen Grenzen, die das Gesetz der Selbstbestimmung läßt, ist der Eingliederungsbeschluß deshalb privatautonomer Akt[412] und als final auf die Rechtsgestaltung gerichtete Erklärung auch Rechtsgeschäft[413].

---

[409] Vgl. *Fikentscher,* Schuldrecht, S. 95; *Flume,* AT, S. 8; *Lukes* S. 257.

[410] Vgl. *Fikentscher,* Schuldrecht, S. 95; *Flume,* AT, S. 609; *Meyer-Cording,* Rechtsnormen, S. 48; *Müller,* AG 1965, 133 (136).

[411] Rechtsnormen, S. 46 ff.

[412] Vgl. *Manigk,* Das rechtswirksame Verhalten, S. 2 f.; *Staudinger / Coing* Vor § 104 Rdn. 2 d und Rdn. 14.

[413] Vgl. *Flume,* AT, S. 23 und S. 113 f.; *Larenz,* AT, S. 261; *Staudinger /* Coing Vor § 104 Rdn. 3 a.

H. Zusammenfassende Wertung des Eingliederungsaktes

Die Entstehungsgeschichte der Eingliederung als Weiterentwicklung der beherrschungsvertraglichen Vorschriften mag es nahelegen, nach einer dem Einordnungsvertrag zwischen beherrschtem und herrschendem Unternehmen entsprechenden Rechtsgeschäft zu suchen. Es ließe sich auch aus der in der Hauptversammlung der einzugliedernden Gesellschaft abgegebenen Willenserklärung der Hauptgesellschaft neben dem damit identischen, aber der juristischen Person zuzurechnenden Beschluß konstruieren. Dieser Interpretation bedarf es aber nicht. Ein Vertrag hätte keinerlei Funktion. Die Einordnung des herrschenden Unternehmens beim Beherrschungsvertrag bedurfte eines besonderen Instruments, da das herrschende Unternehmen kein Mitglied der zu beherrschenden Gesellschaft zu sein braucht. Der Gesetzgeber hatte dafür eine Form zu wählen, die grundsätzlich einen Interessenausgleich zwischen den beiden sich nach der Grundkonzeption unabhängig gegenüberstehenden Unternehmen ermöglicht. Bei der Eingliederung reicht die Veränderung der bestehenden mitgliedschaftlichen Beziehungen aus. Der Eingliederungsakt hat keine interessenausgleichende Funktion; selbst als gesellschaftsinterner Akt ist die Entscheidung über die Eingliederung allein der zukünftigen Hauptgesellschaft übertragen. Auch bedarf es keiner vertraglichen Bindung zwischen der Hauptgesellschaft und den Minderheitsaktionären.

Das zentrale Element des Eingliederungsaktes ist deshalb konsequent als Beschluß der einzugliedernden Gesellschaft, der durch den Beschluß der zukünftigen Hauptgesellschaft und der Eintragung als weitere Wirksamkeitsvoraussetzungen ergänzt wird, ausgestaltet.

Der Eingliederungsbeschluß weist jedoch gegenüber dem typischen Beschluß Besonderheiten auf. Als wichtigste Funktion bildet ein Beschluß aus der Vielzahl der Mitgliederwillen eine einheitliche Aussage und führt eine Willenseinigung der für den Beschluß erforderlichen Mehrheit herbei. Diese Funktion entfällt beim Eingliederungsbeschluß. Kraft gesetzlicher Ausgestaltung entscheidet die Stimme des Hauptaktionärs allein. Die Stimmen der anderen Aktionäre bleiben ohne jeden Einfluß auf das Beschlußergebnis, einerlei, ob sie überhaupt abgegeben werden und mit welchem Inhalt. Damit unterscheidet sich der Eingliederungsbeschluß zwar von dem typischen Beschluß erheblich, nicht aber von Grenzfällen, in denen das Beschlußergebnis auf einer einzigen Stimme beruht, sei es, daß die anderen Mitglieder sich ihrer Stimmen enthalten, sei es, daß ein Mitglied über die für den Beschluß erforderliche Stimmenmehrheit verfügt. Als weitere Besonderheit ist der Inhalt des Eingliederungsbeschlusses gesetzlich abschließend formuliert.

Wie andere körperschaftsrechtliche Beschlüsse beruht auch der Eingliederungsbeschluß auf der durch die Gründung der Aktiengesellschaft geschaffenen Grundbeziehung, der die Eingliederung potentiell immanent ist.

Indem der Gesetzgeber die Eingliederung als Beschluß ausgestaltete, hat er dem Eingliederungsakt eine dem Körerschaftsrecht geläufige Form gegeben, hat damit für eine Verlautbarung gesorgt und die allgemeinen aktienrechtlichen Vorschriften über den Beschluß für anwendbar erklärt. Ob jedoch auch für diesen Beschluß, der im breiten Feld der Bedeutung von Hauptversammlungsbeschlüssen eine Sonderstellung einnimmt, von den allgemeinen Bestimmungen in allen Fällen angemessene Lösungen breitgehalten werden, wird noch zu untersuchen sein. Die wesentlichen, die Unternehmenszusammenfassung begründenden Rechte und Pflichten — z. B. das Weisungsrecht und die Verlustausgleichspflicht — sind bei der Eingliederung und beim Beherrschungsvertrag gleicher Natur. Dementsprechend werden die beiden verfassungmäßigen Unternehmensfassungen in erster Linie durch einen verfassungsändernden Beschluß erreicht.

Während sich die Eingliederungsverfassung als Änderung der mitgliedschaftlichen Rechte und Pflichten auffassen läßt, wird das herrschende Unternehmen erst neu in die beherrschte Gesellschaft einbezogen. Dementsprechend tritt beim Beherrschungsvertrag noch der Einordnungsvertrag hinzu.

Die hier entwickelte Zwei-Komponenten-Theorie ermöglicht es, Beherrschungsvertrag und Eingliederung in einem einheitlichen Konzept zu erfassen.

J. Folgerungen aus der rechtlichen Natur der Eingliederung

I. Die aus dem Eingliederungsakt folgenden Rechtsbeziehungen

Der Eingliederungsakt begründet zwischen den Gesellschaften und deren Organen lediglich körperschaftsrechtliche Rechtsbeziehungen, die grundsätzlich im Aktiengesetz abschließend geregelt sind. Neben dem Anspruch aus §§ 323 Abs. 1 Satz 2 i. V. m. 308 Abs. 2, 310 AktG mit der entsprechenden Sanktion kann kein Anspruch auf Erfüllung einer Weisung mit entsprechenden Sekundäransprüchen aus dem Schuldrecht hergeleitet werden. Sanktionen für die Verletzung der körperschaftsrechtlichen Rechte und Pflichten sind auch im Körperschaftsrecht zu suchen oder analog zu den Vorschriften anderer Rechtsbereiche, aber doch in Harmonie mit dem Körperschaftsrecht zu entwickeln.

Die Haftung der Hauptgesellschaft gegenüber der eingegliederten Gesellschaft aus § 31 BGB[414] ist zwar auch mit der verfassungsrechtlichen Auffassung vereinbar. Ihre Berechtigung erscheint aber innerhalb eines einheitlichen Interessenfeldes zweifelhaft. Auch der Hinweis auf ihre Bedeutung nach Beendigung der Eingliederung überzeugt nicht[415], denn das geeinte Interesse wird erst im Zeitpunkt der Beendigung wieder aufgespalten und Ansprüche zwischen den Gesellschaften können sich nur auf Tatsachen nach diesem Zeitpunkt stützen. Ein Eigeninteresse der eingegliederten Gesellschaft ist auch nicht für den Fall der Beendigung aufrechterhalten worden. Die Eingliederungsverfassung kann die Lebensfähigkeit der eingegliederten Gesellschaft nach dem Ende der Eingliederung nicht garantieren, ohne daß neue Schranken innerhalb der Wirtschaftseinheit aufgerichtet würden. Jeder Versuch, für den Fall der Beendigung Ansprüche der eingegliederten Gesellschaft zu begründen, verschleiert nur die Tatsache, daß die Gesellschaft allein mit einem auf das Grundkapital begrenzten Vermögen aus der Eingliederung entlassen werden kann[416]. Jede eingliederungswidrige Schädigung der eingegliederten Gesellschaft wäre auch eine Schädigung der Hauptgesellschaft und selbst wenn die Hauptgesellschaft einen solchen Schaden zu ersetzen hätte, so könnte sie das der eingegliederten Gesellschaft damit zugeflossene Vermögen sofort wieder an sich ziehen.

Soweit die Gesellschaften nicht wie Dritte zueinander, sondern eingliederungsspezifisch in eine Rechtsbeziehung treten, bedarf es auch darüber hinaus keiner schuldrechtlichen Ansprüche, z. B. keines Ausgleichsanspruches der Hauptgesellschaft gegen die eingegliederte Gesellschaft, wenn sie Gläubiger nach § 322 AktG befriedigt[417]. Es entspricht der Einheit der von der Hauptgesellschaft kontrollierten Interessensphäre, daß sie den Vermögensfluß aufgrund ihres Weisungsrechtes gestaltet.

II. Die Fehlerhaftigkeit des Eingliederungsbeschlusses

1. Die grundsätzliche Geltung der §§ 241 ff. AktG

Trotz der Besonderheiten des Eingliederungsbeschlusses gelten auch für ihn die §§ 241 ff. AktG. Die aktienrechtliche Regelung beruht nicht allein auf der Tatsache, daß der Beschluß sich aus einer Vielzahl von Stimmen zusammensetzt, die das Ergebnis beeinflussen, sondern auf der regelmäßig erheblichen Bedeutung der Beschlüsse für einen großen Kreis von Betroffenen. Dazu gehören auch die Gläubiger. Die Beschlußvorschriften dienen deshalb in besonderem Maße der Rechtssicherheit.

[414] So *Baumbach / Hueck* § 323 Rdn. 5; *Biedenkopf / Koppensteiner* in Kölner Komm. AktG § 323 Rdn. 9; *Würdinger* in Großkomm. AktG § 323 Anm. 14.

[415] *Würdinger* in Großkomm. AktG § 323 Anm. 14.

[416] Zur Kritik an der Beendigung der Eingliederung vgl. *Möhring,* NJW 1967, 1 (10).

[417] Anders *Kley / Lehmann,* DB 1972, 1421 ff.

Schon aus diesem Grund scheidet eine Anfechtung der Eingliederungserklärung unmittelbar nach Regeln des BGB aus. Insoweit unterscheidet sich die Eingliederung vom Beherrschungsvertrag, bei dem der mit der Verfassungsänderung verknüpfte Einordnungsvertrag zumindest einen Ansatzpunkt für eine Anfechtung nach den §§ 119, 123 BGB bietet.

Die Vernichtung des Eingliederungsbeschlusses durch Anfechtungsklage (§ 243 AktG) — der praktisch wichtigste Rechtsmangel des Eingliederungsbeschlusses — ist aufgrund der gesetzlichen Ausgestaltung gleichermaßen vor und nach der Eintragung denkbar, insbesondere hat die Eintragung über § 242 AktG hinaus keine heilende Wirkung[418]. Der Fall einer aktienrechtlichen Anfechtung nach der Eintragung und damit nach dem Wirksamwerden der Eingliederung wird jedoch äußerst selten sein, denn die Eingliederung darf erst eingetragen werden, wenn die Beschlüsse nicht innerhalb der Anfechtungsfrist angefochten wurden oder wenn eine Anfechtung rechtskräftig zurückgewiesen worden ist (§ 319 Abs. 3 Satz 2 AktG). Eine Anfechtung nach Wirksamwerden ist deshalb nur dann denkbar, wenn rechtswidrig vorzeitig eingetragen wurde. Damit ist der erforderlichen Rechtssicherheit erheblich entgegengekommen.

Aber auch vor der Eintragung scheitert eine Anfechtung der zukünftigen Hauptgesellschaft in der Regel schon daran, daß sie nicht schon in der Hauptversammlung gegen den Beschluß Widerspruch zur Niederschrift erklärt hat (§ 245 Abs. 1 AktG). Zudem hat sie auch praktisch keine Bedeutung, da sie den Eingliederungsbeschluß vor der Eintragung durch erneuten Beschluß wieder aufheben kann[419].

Eine gewisse Bedeutung kann die Anfechtung danach allenfalls für die Minderheitsaktionäre haben.

2. *Anfechtungsgründe*

Die Bedeutung der Anfechtung vermindert sich weiter durch die erhebliche Einschränkung der Anfechtungsgründe. Die Verletzung materieller Gesetzes- und Satzungsbestimmungen ist wegen der inhaltlich abschließenden Regelung kaum denkbar. Insbesondere ist die Anfechtung nach § 243 Abs. 2 AktG ausgeschlossen, ebenso wie eine auf die Unangemessenheit der Abfindung gestützte Anfechtung (§ 320 Abs. 6 Satz 1 AktG)[420].

---

[418] *Baumbach / Hueck* § 319 Rdn. 15. Zur analogen Anwendbarkeit des § 242 AktG, obgleich nicht der Eingliederungsbeschluß, sondern die Eingliederung eingetragen wird, vgl. *Kraft* in Kölner Komm. AktG § 346 Rdn. 59.

[419] Siehe oben S. 63.

[420] Die Vorschrift hat nur klarstellende Bedeutung, da ein Anspruch auf angemessene Abfindung den ausscheidenden Aktionären bereits in § 320

Anfechtbar wegen Irrtums, arglistiger Täuschung, Drohung oder Nichtigkeit nach §§ 116 Satz 2, 117 Abs. 1, 134, 138 BGB ist nicht der Eingliederungsbeschluß, sondern grundsätzlich die einzelne Stimme[421]. Da die Stimme der Minderheitsaktionäre auf das Beschlußergebnis keinen Einfluß haben kann, wird der Beschluß selbst dann nicht anfechtbar, wenn alle Stimmen der Minderheitsaktionäre nichtig sind oder angefochten wurden. Von Bedeutung können deshalb nur die Fehler sein, an denen die Stimme der zukünftigen Hauptgesellschaft leidet. Anfechtungsgrund für die Minderheitsaktionäre bilden Mängel der Stimme der Hauptgesellschaft aber nur, wenn sie zur Nichtigkeit nach §§ 116 Satz 2, 117 Abs. 1, 134, 138 BGB führen. Die bloße Anfechtbarkeit nach bürgerlichem Recht könnte erst nach der Anfechtung durch die Hauptgesellschaft zu einem Fehler des Beschlusses werden.

3. *Kritik an der Anfechtbarkeit*

Indem das Gesetz eine Anfechtung nur ausschließt, soweit sie auf einen angestrebten Sondervorteil (§ 243 Abs. 2 AktG) oder auf die Unangemessenheit der Abfindung gestützt ist (§ 320 Abs. 1 AktG), läßt es darüber hinaus eine Anfechtung des Eingliederungsbeschlusses zu. Eine gegenteilige Auslegung ist mit dem Gesetz nicht vereinbar.

Dennoch liegt die Frage nahe, ob für die Anfechtung ein Bedürfnis besteht. Das Interesse der Hauptgesellschaft erfordert eine Anfechtbarkeit — in dem verschwindend engen Bereich, in dem sie denkbar ist — nicht, denn die Hauptgesellschaft beherrscht das Eingliederungsverfahren in einem Maße, das es ihr ermöglicht, ihre Interessen voll zu wahren.

Minderheitsaktionäre können einen Eingliederungsbeschluß zwar wegen Mängel im Beschlußverfahren anfechten, z. B. wegen nicht ordnungsgemäß angebotener Abfindung (vgl. § 320 Abs. 6 Satz 3 AktG)[422] oder wenn die Stimme der Hauptgesellschaft nach Bürgerlichem Recht nichtig ist, sie können aber die Eingliederung durch erneuten fehlerfreien Beschluß nicht verhindern. Als Sanktion für ein fehlerhaftes Beschlußverfahren ist die Anfechtbarkeit nicht gerechtfertigt. Das allein anerkannte Vermögensinteresse der Minderheitsaktionäre wird durch das Antragsverfahren nach § 320 Abs. 6 Satz 2 AktG ausreichend geschützt. Die Anfechtbarkeit bildet für die Minderheitsaktionäre andererseits einen beachtlichen Anreiz, sich diese formale Position durch

---

Abs. 5 Satz 1 AktG gewährt wird, so daß die Voraussetzungen des § 243 Abs. 2 Satz 2 AktG erfüllt sind.

[421] Siehe oben S. 60.

[422] Vgl. OLG Celle, DB 1972, 1816 wo die Ordnungswidrigkeit des Abfindungsangebotes als Anfechtungsgrund angesehen wurde.

eine hohe Abfindung abkaufen zu lassen, die aufgrund der Bewertung der Aktien gemäß § 320 Abs. 5 Satz 5 AktG nicht gerechtfertigt ist[423].

Der besonderen Situation der Eingliederung wäre der völlige Ausschluß der Anfechtung besser gerecht geworden. Immerhin kann die Anfechtbarkeit des Eingliederungsbeschlusses nach der Eintragung mit dem Hinweis auf § 319 Abs. 3 Satz 2 AktG ausgeschlossen werden[424].

III. Das Fehlen der Voraussetzungen der Eingliederung

Fehlen tatsächliche Voraussetzungen für die Eingliederung, insbesondere die 95%ige Kapitalbeteiligung, so ist fraglich, ob dies unmittelbar zur Nichtigkeit der Eingliederung führt, oder ob lediglich der Engliederungsbeschluß fehlerhaft wird und nach §§ 241 ff. AktG zu verfahren ist.

Schon aufgrund der Formulierung der §§ 319 Abs. 1, 320 Abs. 1 AktG kommt ein fehlerfreier Eingliederungsbeschluß nur zustande, wenn auch die tatsächlichen Voraussetzungen der Eingliederung gegeben sind. Nur so kann der gesamte Eingliederungsakt an der durch §§ 241 ff. AktG bezweckten Rechtssicherheit teilhaben, ein Ergebnis, das im Hinblick auf die bedeutsamen Rechtsfolgen der Eingliederung und damit auch deren Nichtigkeit, geboten ist. Jedoch ist ein die §§ 319 Abs. 1, 320 Abs. 1 AktG verletzender Beschluß nicht lediglich anfechtbar, sondern nach § 241 Nr. 3 AktG nichtig. Die schwerwiegenden Eingriffe in die Rechte der Minderheitsaktionäre sind mit dem Wesen der Aktiengesellschaft nur vereinbar, wenn die Zahl der Minderheitsaktionäre auf die Bagatellbeteiligung von 5 % zusammengeschrumpft ist und die Verfassungsumgestaltung setzt voraus, daß durch Kopplung mit der Verfassung einer inländischen Aktiengesellschaft ein gleichwertiger Gläubigerschutz im größeren Verband geschaffen wird.

IV. Die Fehlerhaftigkeit des Zustimmungsbeschlusses der Hauptgesellschaft

Der Zustimmungsbeschluß der zukünftigen Hauptgesellschaft folgt im Hinblick auf die materielle Fehlerhaftigkeit und deren Geltendmachung grundsätzlich den Regeln des normalen Beschlusses. Er ist zwar äußerlich im Gesetz als Wirksamkeitsvoraussetzung der Eingliederung geregelt, stellt aber keine körperschaftsrechtlichen Beziehungen der einzugliedernden Gesellschaft her, sondern ist den Beschlüssen über

[423] Vgl. Ausschußbericht zu § 294 bei *Kropff* S. 383.

[424] Die Begr. Reg. E. zu § 294 (bei *Kropff* S. 382 f.) weist darauf hin, daß diese Vorschrift den praktisch wichtigsten Mangel des Beherrschungsvertrages — die Anfechtbarkeit des Zustimmungsbeschlusses — ausschalte. Die Vorschrift ist zwar im Rahmen des Beherrschungsvertrages gestrichen worden, blieb aber das Modell für § 319 Abs. 3 Satz 2 AktG.

Fragen der Geschäftsführung nach § 119 Abs. 2 AktG vergleichbar. Aus diesem Grund kann nach der Eintragung ein Interesse an der Nichtigkeit oder rückwirkenden Vernichtung dieses Beschlusses ebensowenig anerkannt werden, wie die Unwirksamkeit eines Beschlusses die zwischenzeitlich geschlossenen schuldrechtlichen Verträge mit Dritten zu beeinflussen geignet ist[425].

V. Die Rechtsfolgen der Nichtigkeit

Obgleich sich der Gesetzgeber in besonderem Maße bemüht hat, Rechtsmängel auszuschalten, ist nicht völlig sichergestellt, daß eine eingetragene Eingliederung rechtswirksam geworden ist. Auf die Geltendmachung solcher Rechtsmängel nach einer grundlegenden Wandlung der eingegliederten Gesellschaft kann kaum mit angemessenen Rechtsfolgen geantwortet werden. Sollen die Gläubiger ihren Schutz einbüßen? Können die Weisungen nachträglich als rechtswidrig beurteilt werden? Aber auch eine ex-nunc-Begrenzung der Rechtsfolgen ist nicht befriedigend. Soll die Hauptgesellschaft mithaften und verpflichtet sein, einer auch vor der Eingliederung schon Verluste erwirtschaftenden Gesellschaft diese auszugleichen, obgleich sie das Weisungsrecht und die Aussicht auf zukünftige Gewinnabführung verliert?

Die Nichtigkeit der Eingliederung ist unter dem Gesichtspunkt der Loslösung der Eingliederungsverfassung von dem Gestaltungsakt und des Vorrangs des Verkehrsinteresses einzuschränken und kann nur dann durchgreifen, wenn dies im Allgemeininteresse unerläßlich ist.

VI. Die Auslegung des Eingliederungsbeschlusses

Die Auslegung der durch den Eingliederungsakt in Kraft gesetzten Regelungen folgt — da sie inhaltlich im Gesetz niedergelegt sind — den Grundsätzen der Auslegung des Gesetzes. Weitere Regelungen können dem Eingliederungsakt als solchem nicht beigefügt werden. Es ist zwar auch bei der Eingliederung zulässig, z. B. entgegen § 324 Abs. 1 AktG eine Pflicht zur Rücklagenbildung oder entgegen § 323 Abs. 1 AktG eine Beschränkung des Weisungsrechts verfassungsrechtlich zu bestimmen. Dafür ist aber im Eingliederungsakt kein Raum, sie sind in die Satzung aufzunehmen[426].

---

[425] Vgl. zu diesem Ansatz mit entsprechend entgegengesetztem Ergebnis beim Beschluß der abhängigen Gesellschaft *Würdinger* in Großkomm. AktG § 293 Anm. 13. Zur Auffassung des Beschlusses als Zustimmung zu einem körperschaftsexternen Rechtsgeschäft siehe oben S. 105.

[426] Wegen der Interesseneinheit des Eingliederungsverbandes besteht anders als beim Beherrschungsvertrag keine Notwendigkeit eine Regelung durch Aufnahme in den unternehmenszusammenfassenden Rechtsakt gegen einfache Satzungsänderungen abzusichern (vgl. oben S. 95).

Die Frage nach den Auslegungsgrundsätzen stellt sich deshalb nur, wenn das „ob" der Eingliederung zweifelhaft ist. Beim Eingliederungsbeschluß besteht zwar im Gegensatz zum typischen Beschluß nicht die Schwierigkeit subjektive Umstände festzustellen, da er allein auf der Willenserklärung der Hauptgesellschaft beruht. Dennoch können wegen der weitgehend abstrakt generellen Wirkung nur objektive Momente berücksichtigt werden. Für den Eingliederungsbeschluß kann nichts anderes gelten als für die Satzungsfeststellung und den verfassungsändernden Beschluß.

VII. Die Kollision der verfassungsrechtlichen Regelungen von Satzung und Unternehmensvertrag mit denen der Eingliederung

1. Satzung und Eingliederungsverfassung

Wie beim Beherrschungsvertrag hat die Eingliederung als die spätere Verfassungsregelung die Kraft, Satzungsbestimmungen abzuändern. Die Satzungsvorschriften, die den zwingenden gesetzlichen Verfassungsregelungen der Eingliederung widersprechen, sind während des Bestandes der Eingliederung unwirksam. Darüber hinaus bedarf der Umfang, in dem die Satzungsbestimmungen abgewandelt werden, der Klärung.

Auch bei der Eingliederung verlieren die über den gesetzlichen Mindestumfang der Satzung hinausgehenden Bestimmungen nicht jede Bedeutung. Mangelt es der Hauptgesellschaft an Kreditwürdigkeit, so mag ein Kreditgeber der eingegliederten Gesellschaft zusätzliche verfassungsrechtliche Sicherungen positiv bewerten, so z. B. die Erhöhung des Grundkapitals, die Pflicht zur Bildung erhöhter Rücklagen oder die Begrenzung des Weisungsrechts bezüglich der Gewinnabführung. Auch eine von der Satzung geforderte Zustimmung des Aufsichtsrates gewinnt Bedeutung, wenn sich der Vorstand der Hauptgesellschaft nicht durch die Verlagerung der wesentlichen Entscheidungen in die abhängigen Gesellschaften der Kontrolle seines möglicherweise mitbestimmten Aufsichtsrates soll entziehen können (vgl. §§ 323 Abs. 1 Satz 2 i.V.m. 308 Abs. 3 AktG). Andererseits bedarf die Weisung mehr als 50 % in die freien Rücklagen einzustellen einer Ermächtigung in der Satzung der eingegliederten Gesellschaft (§ 58 Abs. 2 Satz 2 AktG). Die Satzung dehnt in diesem Fall das Weisungsrecht aus. Allgemein hat die Satzung der eingegliederten Gesellschaft in ihrem Wirkungsbereich die Satzung der Hauptgesellschaft fortzusetzen, damit die letztere nicht dadurch wirkungslos wird, daß die in der Hauptgesellschaft satzungswidrigen Maßnahmen in den nachgeordneten Gesellschaften getroffen werden. Wegen der engen verfassungsmäßigen Verflechtung sind jedoch Satzungsbestimmungen der Hauptgesellschaft, die die Organe in ihrer

Kompetenz beschränken, dahin auszulegen, daß auch die Weisung an eine eingegliederte Gesellschaft denselben Beschränkungen unterworfen ist.

Bei Satzungsbestimmungen über eine erhöhte Rücklage wird die Fortgeltung nach der Eingliederung in der Literatur allgemein anerkannt[427]. Dasselbe muß aber für alle Satzungsbestimmungen gelten, die von dispositiven Vorschriften der Eingliederung abweichen. Der auf die Erklärung der Eingliederung beschränkte Beschluß bietet keine objektiven Anhaltspunkte, ob dispositive Eingliederungsvorschriften oder fortbestehende Satzungsbestimmungen sich durchsetzen sollen. Klärung kann nur eine Satzungsänderung bringen.

Hier weicht die Rechtslage von der des Beherrschungsvertrages ab. Beim Beherrschungsvertrag kann die vorvertragliche Satzungsregelung überlagert und für den Fall der Beendigung der vertraglichen Abhängigkeit aufrechterhalten werden. Der inhaltlich abschließend vorgezeichneten Eingliederung fehlt das Instrument dafür. Es ist aber auch nicht erforderlich, da der Fall der Beendigung der Eingliederung unwahrscheinlicher als der des Beherrschungsvertrages ist. Zudem ist der Wandel einer eingegliederten Aktiengesellschaft bei der Beendigung der Eingliederung wegen der Spaltung der einheitlichen Interessensphäre so einschneidend, daß es kaum sinnvoll erscheint, Satzungsbestimmungen aus der Zeit vor der Eingliederung vorsorglich zu konservieren.

2. *Das Verhältnis des älteren Unternehmensvertrages zur Eingliederung*

Das Oberlandesgericht Celle hatte die Frage zu entscheiden, wie ein zuvor abgeschlossener Beherrschungsvertrag und die Eingliederung aufeinander einwirken und ist zu dem Ergebnis gekommen, daß die Eingliederung ohne vorherige Aufhebung des Beherrschungsvertrages erfolgen kann, dieser vielmehr mit dem Wirksamwerden der Eingliederung endet[428].

Allein die Begründung, daß die Eingliederung als umfassendere Verbindung der Unternehmen den Beherrschungsvertrag zum Erlöschen bringe, kann dieses Ergebnis allerdings kaum tragen. Das wäre deutlich geworden, wenn nicht wie im zu entscheidenden Fall eingliedernde Aktiengesellschaft und herrschendes Unternehmen identisch gewesen wären.

Ob ein Unternehmensvertrag der Eingliederung entgegenstehen und ob der Eingliederungsakt ihn abändern oder aufheben kann, wird ein-

---

[427] Begr. Reg. E. zu § 324 bei *Kropff* S. 428; *Baumbach / Hueck* § 324 Rdn. 2; *v. Godin / Wilhelmi* § 324 Anm. 1; *Würdinger* in Großkomm. AktR § 324 Anm. 1.

[428] OLG Celle, DB 1972, 1816 (1819).

heitlich zu beantworten sein. Eine andere Frage ist dagegen, ob die Eingliederung einen vorangegangenen Unternehmensvertrag notwendig beseitigt.

Soweit die eingliedernde Aktiengesellschaft zugleich Partner des Unternehmensvertrages ist, steht dieser der Eingliederung nicht entgegen. Wollte man die Wirkung des Unternehmensvertrages in der Rechtsbeziehung zu einem Dritten sehen, so wäre in der Tat fraglich, wie diese Rechtsbeziehung erlöschen kann, ohne daß der Vertragspartner als solcher mitwirkt. Tatsächlich ist das herrschende Unternehmen aber in die beherrschte Aktiengesellschaft verfassungsmäßig integriert. Durch den Eingliederungsakt wird diese Integration lediglich anders ausgestaltet. Auch die Tatsache, daß die Eingliederung Rechte der Minderheitsaktionäre vernichtet, die auf dem Beherrschungsvertrag beruhen, wie der Anspruch auf angemessenen Ausgleich, widerspricht dem nicht. Die Eingliederung beruht auf dem Gedanken, daß unternehmerische Interessen der nur noch 5 % starken Minderheitsaktionäre nicht mehr anzuerkennen sind, sondern allein deren Vermögensinteressen, denen aber durch eine angemessene Abfindung Rechnung getragen wird. Damit werden alle Verfassungsrechte abgefunden. Zu ihnen gehört auch das Recht auf Ausgleichszahlung[429]. Die Minderheitsaktionäre können nach der Eingliederung keine beherrschungsvertragliche Ausgleichszahlung mehr verlangen, wohl aber hat die Ausgleichsregelung Einfluß auf die Angemessenheit der Abfindung nach § 320 Abs. 5 AktG. Eines Sonderbeschlusses nach §§ 296 Abs. 2, 297 Abs. 2 AktG bedarf es aufgrund der Wertung des § 320 AktG nicht. Hier bewährt sich erneut die Auffassung von der verfassungsrechtlichen Natur des Anspruchs auf Ausgleichszahlung. Würdinger ist mit seiner Auffassung vom Vertrag zugunsten Dritter zu der Annahme gezwungen, daß die beiden vertragsschließenden Unternehmen sich gegenüber den ausgleichsberechtigten Aktionären das Recht vorbehalten, deren Ansprüche durch aktienrechtliche erlaubte Dispositionen wieder zu beseitigen[430]. Dabei gewinnt auch die Unterscheidung zwischen dem verfassungsrechtlichen Abfindungsanspruch und der schuldrechtsähnlichen Beziehung nach der Ausübung dieses Rechtes Bedeutung[431]. Das Abfindungsrecht kann durch die Eingliederung beseitigt werden, die durch die Ausübung entstandene Rechtsbeziehung wird durch die Eingliederung dagegen nicht beeinflußt.

Anders ist es dagegen, wenn ausnahmsweise eingliedernde Aktiengesellschaft und Partner des Unternehmensvertrages nicht identisch sind. Das Gesetz regelt im Fall der Eingliederung nur den Interessenaus-

[429] Siehe oben S. 75.
[430] Würdinger, AG 1972, 13 (14).
[431] Siehe oben S. 74.

gleich zwischen zukünftiger Hauptgesellschaft und Minderheitsaktionären. Der 95 %ige Aktionär kann den Partner des Unternehmensvertrages durch die Eingliederung ebensowenig seine Rechte entziehen, wie es die Hauptversammlung der abhängigen Gesellschaft durch einen Beschluß kann. Die Koppelung von Satzungsänderung und Einordnungsvertrag stehen dem entgegen. Dasselbe Ergebnis folgt aus einer analogen Anwendung des § 35 BGB.

Ob eine unternehmensvertragliche Verfassungsregelung unanwendbar oder nur teilweise abgeändert wird, hängt von der Bedeutung ab, die sie neben der Eingliederung noch entfalten kann. Grundsätzlich ändert die Eingliederung die Verfassung, die sie vorfindet — und dazu gehören auch Verfassungsregelungen eines Unternehmensvertrages — lediglich ab, soweit die Eingliederung Sonderregeln enthält.

Dem Oberlandesgericht Celle ist jedoch darin zuzustimmen, daß die beherrschungsvertraglichen Regelungen neben der Eingliederung nicht mehr anwendbar sind[432]. Es entspricht nicht der gesetzlichen Konzeption, daß Beherrschungsvertrag und Eingliederung nebeneinander bestehen. Dementsprechend sind in der Eingliederungsverfassung alle Regelungen der beherrschungsvertraglichen Verfassung ersetzt worden. Gliedert die herrschende Gesellschaft ein, so hebt sie die beherrschungsvertragliche Verfassung auf. Sie kann dies, da sie sowohl Partner des Einordnungsvertrages ist, als auch über eine verfassungsändernde Stimmenmehrheit verfügt. Gliedert dagegen eine dritte Gesellschaft ein, so fehlt es ihr an der Dispositonsbefugnis über das Einordnungsverhältnis, die beherrschungsvertragliche Verfassung ist zuvor aufzuheben.

Soweit unternehmensvertragliche verfassungsrechtliche Bestimmungen sich nicht gegenseitig ausschließen, bleiben sie wirksam, z. B. ein Gewinnabführungsvertrag. Ein Gewinnabführungsvertrag kann aber nicht als Beschränkung des auf Gewinnabführung gerichteten Weisungsrechtes gewertet werden. Eine solche Beschränkung wäre nur bei einer funktionsfähigen Vermögensbindung sinnvoll. Das Gesetzt hebt aber die Vermögensbindung bei der Eingliederung gerade durch § 323 Abs. 2 AktG auf[433].

K. Die Ausdehnungsfähigkeit des Instruments der Eingliederung auf andere Gesellschaftsformen

Die Eingliederung ist eine Wandlung der mitgliedschaftlichen Stellung in einer Körperschaft. Im gegenwärtigen Recht ist sie nur als Unternehmensverbindung zwischen zwei Aktiengesellschaften vorgesehen. Der Referentenentwurf zum GmbH-Gesetz führt jedoch auch eine Ein-

---

[432] DB 1972, 1816 (1819).

[433] Er kann nur noch steuerrechtliche Wirkungen entfalten.

gliederung einer GmbH in eine andere GmbH (§ 260) und in eine Aktiengesellschaft (§ 261) ein. Aus dogmatischen Gründen ist eine Eingliederung jeder Körperschaft in ein Unternehmen denkbar, dessen Unternehmensträger Mitglied der Körperschaft sein kann. Die enge verfassungsrechtliche, insbesondere vermögensverfassungsrechtliche, Verknüpfung der beiden Unternehmen setzt jedoch eine verfassungsmäßige Homogenität der zu verbindenden Unternehmen voraus, denn die Sicherungen des Rechtsverkehrs werden durch das am schwächsten gesicherte Unternehmen der Verbindung bestimmt. Die Verfassung einer umfangreich gesicherten Körperschaft wird damit bedeutungslos, soweit das eingliedernde Unternehmen nicht ähnliche Sicherungen unterworfen ist. Die Eingliederung einer Aktiengesellschaft in eine GmbH ist deshalb nicht vorgesehen.

§ 8. Zusammenfasssende Thesen

Das Körperschaftsrecht umfaßt alle Rechtsbeziehungen, die nicht lediglich einen Interessengegensatz lösen, sondern die in das System eingebunden sind, das die in dem Verband zusammentreffenden vielfältigen Interessen ausgleicht. Für die Abgrenzung kommt es darauf an, wie sich der Zusammenhang einer Rechtsbeziehung objektiv darstellt. Grundsätzlich steht es dem Parteiwillen frei, eine Rechtsbeziehung im Körperschaftsrecht oder im Schuldrecht zu begründen, sofern sie nicht eindeutig Bestandteil eines körperschaftlichen Systems ist. Das körperschaftliche Verfassungsrecht ist der Bereich des Körperschaftsrechts, der den Bestand und das Wirken der Körperschaft organisiert.

Verfassungsrechtliche Regelungen unterscheiden sich von schuldrechtlichen weder durch ihren Inhalt noch durch ihre Tatbestandsbedingtheit, durch die Zahl der Beteiligten, ihre Generalität oder den Verbinlichkeitsbereich. Sie unterscheiden sich nur graduell durch ihren Zweck, auf Dauer für einen wechselnden Bestand von natürlichen Personen — Organwalter und Mitglieder — die Rechtsbeziehungen zu regeln. Sie sind deshalb von ihrem Entstehungsakt und den Personen ihrer Schöpfung im Hinblick auf ihren Inhalt und Fortbestand stärker zu lösen als schuldrechtliche Regelungen.

Typisches körperschaftliches Rechtsgeschäft ist der körperschaftsrechtliche Beschluß. Er ist dadurch gekennzeichnet, daß er seine Wirkung nur aufgrund und im Rahmen einer Grundbeziehung entfalten kann. Für die Begründung dieser Grundbeziehung ist auch im Körperschaftsrecht das Rechtsinstitut des Vertrages unentbehrlich, wenngleich es dabei auch aus seiner traditionell bürgerlich-rechtlich — vor allem schuldrechtlich — ausgerichteten Dogmatik herausgelöst werden muß. Die Konstruktion weiterer körperschaftlicher Rechtsgeschäfte, insbesondere des Gesamtaktes, ist daneben entbehrlich.

Alle durch den Beherrschungsvertrag in der gesetzlichen Ausgestaltung begründeten Rechtsbeziehungen sind verfassungsrechtlicher Natur.

Obgleich wirtschaftlich das beherrschte Unternehmen in das herrschende eingegliedert ist, ist doch rechtlich umgekehrt das herrschende Unternehmen wie ein Organ in die beherrschte Gesellschaft eingeordnet.

Wesentlicher Unterschied zwischen Gründungsvertrag und Beherrschungsvertrag ist, daß ersterer eine körperschaftliche Grundbeziehung erst schafft, letzterer sie verändert. Insoweit gleicht er der Satzungsänderung, von der er sich aber durch die Einordnung eines Außenstehenden gleich einem Organ unterscheidet.

Die Änderung der internen Organisation, der körperschaftlichen Grundbeziehung ist grundsätzlich nicht Aufgabe der Vertretungsorgane der Körperschaft, sondern der Hauptversammlung als dem aus den Mitgliedern zusammengesetzten Organ.

Die vom Gesetz Beherrschungsvertrag genannte Verbindung setzt sich aus zwei Komponenten zusammen: einer Änderung der körperschaftlichen Verfassung durch Hauptversammlungsbeschluß und einem Einordnungsvertrag zwischen dem zukünftig herrschenden Unternehmen und der zu beherrschenden Gesellschaft.

Diese Auffassung spiegelt die Verknüpfung von organisatorischen, abstrakt generellen und von individuellen Rechtswirkungen wider, ohne sie zugleich zu vermengen. Sie ist in der Lage, viele Besonderheiten, die bisher auch für den Organisationsvertrag herausgearbeitet wurden, unmittelbarer auf die sie bedingenden Ursachen zurückzuführen. Sie ermöglicht es schließlich, Beherrschungsvertrag und Eingliederung als einheitliches Konzept zu erfassen.

Beherrschungsvertrag und Eingliederung unterscheiden sich ihrer Struktur nach darin, daß ersterer einen Außenstehenden gleich einem Organ in eine Körperschaft eingliedert, letztere eine vorhandene mitgliedschaftliche Beziehung zu einer organgleichen Stellung erweitert.

Die Eingliederung läßt die vollständige Verschmelzung des in der eingegliederten Gesellschaft geeinten Interesses mit dem in der Hauptgesellschaft geeinten Interesse zu. Der Organisation der eingegliederten Gesellschaft verbleibt deshalb allein die Aufgabe, durch Verknüpfung mit der aktienrechtlichen Organisation der Hauptgesellschaft, den Interessenausgleich im Rahmen dieser größeren Einheit abzusichern.

Der Eingliederungsakt hat die formale Funktion, die Verfassung entsprechend umzugestalten, dabei werden formal auch alle rechtlich nachteilig betroffenen Personen beteiligt, dennoch hat der Gesetzgeber den Interessenausgleich nicht dem Eingliederungsakt anvertraut, sondern ihn gesetzlich geregelt.

Da es bei der Eingliederung anders als beim Beherrschungsvertrag nicht erforderlich ist, einen Außenstehenden in die Körperschaft einzugliedern, sondern eine Umgestaltung der Verfassung ausreicht, ist konsequenterweise das zentrale Element des Eingliederungsaktes allein der Beschluß.

Literaturverzeichnis

Bachelin, Herwig: Der Konzernrechtliche Minderheitenschutz. Diss. Köln, 1965.

Bälz, Ulrich: Einheit und Vielfalt im Konzern. in: Funktionswandel der Privatrechtsinstitutionen, Festschrift für Ludwig Raiser, Tübingen, 1974, S. 287 ff.

Ballerstedt, Kurt: Kapital, Gewinn und Ausschüttungen bei Kapitalgesellschaften, Tübingen, 1949.
zitiert: Kapital.

— Unternehmen und Wirtschaftsverfassung. Juristenzeitung (JZ), 1951, S. 486 ff.

— Handels- und gesellschaftsrechtliche Probleme der Organschaft. Der Betrieb (DB), 1956, S. 814 ff, S. 837 ff.

— Die Verfassung der Aktiengesellschaft und der Organschaftsvertrag. Der Betrieb (DB), 1957, S. 837 ff.

— Gesellschaftsrechtliche Probleme der Unternehmenskonzentration. in: Konzentration in der Wirtschaft, Hrsg. Arndt, Berlin, 1968, Bd. II, S. 871.
zitiert: Probleme.

Baltzer, Johannes: Der Beschluß als rechtstechnisches Mittel organschaftlicher Funktion im Privatrecht. Köln usw., 1965.

Bartholomeyczik, Horst: Der Körperschaftsbeschluß als Rechtsgeschäft. ZHR, Bd. 105 (1938), S. 293 ff.

Barz: siehe Großkommentar zum Aktiengesetz.

Baumbach / Hueck: Aktiengesetz. 13. Aufl., München, 1968, mit Ergänzungsband. Mai, 1970.

Beseler, Georg: System des gemeinen deutschen Privatrechts. 4. Aufl., Berlin, 1885.

Beuthien, Volker: Art und Grenzen der aktienrechtlichen Haftung herrschender Unternehmen für Leitungsmachtmißbrauch. Der Betrieb (DB), 1969, S. 1781 ff.

Biedenkopf, Kurt H.: Vertragliche Wettbewerbsbeschränkung und Wirtschaftverfassung. Die Ausschließlichkeit als Beispiel. Heidelberg, 1958.

Biedenkopf / Koppensteiner: siehe Kölner Kommentar.

Bötticher, Eduard: Wesen und Arten der Vertragsstrafe sowie deren Kontrolle. Zeitschrift für Arbeitsrecht (ZfA), 1970, S. 1 ff.

Brachvogel, Gerrit: Leitungsmacht und Verantwortlichkeit im Konzern. Diss. München, 1967.

Brecher, Fritz: Das Unternehmen als Rechtsgegenstand. Rechtstheoretische Grundlage. Bonn, 1953.

Brecher, Fritz: Subjekt und Verband. Prolegomena zu einer Lehre von den Personenzusammenschlüssen. in: Beiträge zum Arbeits-, Handels- und Wirtschaftsrecht, Festschrift für Alfred Hueck, München usw., 1959 S. 233 ff. zitiert: Subjekt.

Brodmann, Erich: Aktienrecht. Kommentar. Berlin usw., 1928.

DJT-Konzernrecht: siehe „Untersuchungen zur Reform des Konzernrechts".

Duden, Konrad: Aktienrechtliche Fragen zur „Organschaft" mit einem Großaktionär. Betriebberater (BB), 1957, S. 49 ff.

— Zur Methode der Entwicklung des Gesellschaftsrechts zum „Unternehmensrecht". in: Gesellschaftsrecht und Unternehmensrecht, Festschrift für Wolfgang Schilling, Berlin usw., 1973, S. 309 ff.
zitiert: FS Schilling.

Eckhardt: siehe Geßler und Hefermehl.

Emmerich, Volker und Jürgen *Sonnenschein:* Konzernrecht. Ein Studienbuch. München, 1973.

Enneccerus, Ludwig und Hans Carl *Nipperdey:* Allgemeiner Teil des Bürgerlichen Rechts. 15. Aufl., Tübingen, 1959 und 1960.

Erlinghagen, Peter: Der Organschaftsvertrag mit Ergebnisausschluß-Klausel im Aktienrecht. Marburg, 1960.

Erman, Walter: Handkommentar zum Bürgerlichen Gesetzbuch. 5. Aufl., Münster, 1972.

Esser, Josef: Schuldrecht. 4. Aufl., Karlsruhe, 1971, 2. Aufl., Karlsruhe 1960.

Fabricius, Fritz: Relativität und Rechtsfähigkeit. München usw., 1963.

v. Falkenhausen, Bernhard Freiherr: Verfassungsrechtliche Grenzen der Mehrheitsherrschaft nach dem Recht der Kapitalgesellschaften. Karlsruhe, 1967.

Fikentscher, Wolfgang: Die Interessengemeinschaft. Köln, 1966.
zitiert: Interessengemeinschaft.

— Schuldrecht. 4. Aufl., Berlin usw., 1973.

Flume, Werner: Die Organschaft im Gewerbesteuerrecht. Der Betrieb (DB), 1955, S. 485 ff.

— Die Organschaft im Körperschaftssteuerrecht. Der Betrieb (DB), 1956, S. 455 ff.

— Der Referentenentwurf eines Aktiengesetzes. Schriftenreihe Handelsblatt, Düsseldorf, 1958.
zitiert: Referentenentwurf.

— Die abhängige Aktiengesellschaft und die Aktienrechtsreform. Der Betrieb (DB), 1959, S. 190 ff.

— Grundfragen der Aktienrechtsreform, Bemerkungen zu dem Regierungsentwurf eines Aktiengesetzes. Düsseldorf, 1960.
zitiert: Grundfragen.

— Die Konzernrechtliche Gestaltung im Aktienrecht. in: Zur großen Aktienrechtsreform, Schriftenreihe der Forschungsstelle der Friedrich-Ebert-Stiftung, Hannover, 1962, S. 65 ff.
zitiert: Konzernrechtliche Gestaltung.

Flume, Werner: Allgemeiner Teil des Bürgerlichen Rechts. 2. Bd., 2. Aufl., Berlin usw., 1975.
zitiert: AT.

Friedländer, Heinrich: Konzernrecht unter Berücksichtigung der amerikanischen Praxis. 2. Aufl., Berlin, 1954.

Georgakopoulos, Leonidas: Die Gründung der Aktiengesellschaft. Zugleich Versuch eines Beitrages zur Lehre von der juristischen Person. Hamburg, 1959.

Gessler, Ernst: Das neue Aktienrecht. Betriebsberater (BB), 1965, S. 677 ff.

— Probleme des neuen Konzernrechts. Der Betrieb (DB), 1965, S. 1691 ff.

Geßler, Ernst und Wolfgang *Hefermehl*, Ulrich *Eckardt*, Bruno *Kropff*: Aktiengesetz, Kommentar. Frankfurt, 1973 ff.

§§ 1— 14 bearbeitet von Ulrich *Eckhardt*
§§ 15— 22 bearbeitet von Ernst *Geßler*
§§ 76— 94 bearbeitet von Wolfgang *Hefermehl*
§§ 291—310 bearbeitet von Ernst *Geßler*
§§ 311—318 bearbeitet von Bruno *Kropff*
zitiert: Geßler.

v. Gierke, Otto: Das Deutsche Genossenschaftsrecht. Berlin, 1868 ff, fotomechanischer Nachdruck, Graz, 1954.
zitiert: Genossenschaftsrecht.

— Die Genossenschaftstheorie und die deutsche Rechtssprechung. Berlin, 1887, reprographischer Nachdruck, Hildesheim, 1963.
zitiert: Genossenschaftstheorie.

— Deutsches Privatrecht, Bd. I: Allgemeiner Teil und Personenrecht. Leipzig, 1895.
zitiert: DPrR I.

— Das Wesen der menschlichen Verbände. Leipzig, 1902.
zitiert: menschliche Verbände.

v. Godin und Sylvester *Wilhelmi:* Aktiengesetz, Kommentar. 4. Aufl., Berlin usw., 1971.

Grochla, Erwin: Betriebsverband und Verbandsbetrieb. Berlin, 1959.

Großkommentar zum Aktiengesetz. 3. Aufl., Berlin—New York, 1972 ff.

§§ 1— 14 bearbeitet von Joachim *Meyer-Landrut*
§§ 15— 22 bearbeitet von Hans *Würdinger*
§§ 23— 75 bearbeitet von Carl Hans *Barz*
§§ 76—117 bearbeitet von Joachim *Meyer-Landrut*
§§ 118—174 bearbeitet von Carl Hans *Barz*
§§ 179—191 bearbeitet von Herbert *Wiedemann*
§§ 221—257 bearbeitet von Wolfgang *Schilling*
§§ 291—328 bearbeitet von Hans *Würdinger*

Haff, Karl: Institutionen der Persönlichkeitslehre und des Körperschaftsrechts. Zürich, 1918.

Hamburger, Georg: Die Organgesellschaft. in: Gedächtnisschrift für Emil Seckel. Berlin, 1927, S. 261 ff.
zitiert: Organgesellschaft.

Harms, Wolfgang: Konzerne im Recht der Wettbewerbsbeschränkungen. Köln, 1968.

Haussman, Fritz: Die Tochtergesellschaft. Eine rechtliche Studie zur modernen Konzernbildung und zum Effektenkapitalismus. Berlin, 1923.

— Grundlegung des Rechts der Unternehmenszusammenfassungen. Mannheim usw., 1926.
zitiert: Grundlegung.

— Das Recht der Unternehmenszusammenfassungen. München usw., 1932.
zitiert: Unternehmenszusammenfassungen.

Hefermehl: siehe Geßler und Hefermehl.

Hueck, Alfred: Anfechtbarkeit und Nichtigkeit von Generalversammlungsbeschlüssen bei Aktiengesellschaften. Mannheim usw., 1924.
zitiert: Anfechtbarkeit.

— Zur Frage der Rechtswirksamkeit der Organschaftsverträge. Der Betrieb (DB), 1959, S. 223 ff.

— Das Recht der offenen Handelsgesellschaft. 4. Aufl., Berlin, 1971.
zitiert: oHG.

Hueck, Götz: Der Grundsatz der gleichmäßigen Behandlung im Privatrecht. München usw., 1958.
zitiert: gleichmäßige Behandlung.

Isay, Rudolf: Das Recht am Unternehmen. Berlin, 1910.

Kalisch, Hans: Grenzen der Verwaltungsmacht. Juristische Wochenschrift (JW), 1930, S. 3713 f.

Kley, Max D. und Michael *Lehmann:* Probleme der Eingliederungshaftung. Der Betrieb (DB), 1972, S. 1421 ff.

Köhler, Herbert: „Betrieb" und „Unternehmen" in wirtschaftsverfassungsrechtlicher Sicht. Juristenzeitung (JZ), 1953, S. 713 ff.

— Rechtsform und Unternehmenszusammenfassung. Zeitschrift für die gesamte Staatswissenschaft (ZgesStw), Bd. 115 (1959), S. 716 ff.

Kölner Kommentar zum Aktiengesetz. Köln usw., 1970 ff.

§§ 1— 11 bearbeitet von Alfons *Kraft*
§§ 15— 22 bearbeitet von Kurt H. *Biedenkopf* und Hans-Georg *Koppensteiner*
§§ 54— 75 bearbeitet von Marcus *Lutter*
§§ 76— 94 bearbeitet von Hans-Joachim *Mertens*
§§ 118—147 bearbeitet von Wolfgang *Zöllner*
§§ 179—181 bearbeitet von Wolfgang *Zöllner*
§§ 182—206 bearbeitet von Marcus *Lutter*
§§ 291—327 bearbeitet von Kurt H. *Biedenkopf* und Hans-Georg *Koppensteiner*

Kober, Dieter: Vertragsfreiheit bei Gewinnabführungs- und Beherrschungsvertrag (Organvertrag) nach altem und neuem Aktienrecht. Diss. Würzburg, 1967/68.

Koppensteiner, Hans-Georg: Internationale Unternehmen im deutschen Gesellschaftsrecht. Frankfurt, 1971.
zitiert: Internationale Unternehmen.

Kraft: siehe Kölner Kommentar.

Kronstein, Heinrich: Die abhängige juristische Person. München usw., 1931. zitiert: abhängige juristische Person.

Kropff, Bruno: Aktiengesetz. Düsseldorf, 1965. zitiert: Begr. Reg. E. bzw. Ausschußbericht bei Kropff.

— Das Konzernrecht des Aktiengesetzes 1965. Betriebsberater (BB), 1965, S. 1281 ff.

— siehe Geßler und Hefermehl.

Kuntze, Johannes Emil: Der Gesamtakt, ein neuer Rechtsbegriff. Festgabe der Leipziger Juristenfakultät für Otto Müller, Leipzig, 1892, S. 27 ff.

Larenz, Karl: Allgemeiner Teil des deutschen Bürgerlichen Rechts. 3. Aufl., München, 1975. zitiert: AT.

Lehmann, Heinrich und Heinz *Hübner:* Allgemeiner Teil des Bürgerlichen Gesetzbuches. 15. Aufl., Berlin, 1966.

Luchterhandt, Hans-Friedrich: Deutsches Konzernrecht bei grenzüberschreitenden Konzernverbindungen. Stuttgart, 1971. zitiert: Dt. Konzernrecht.

Lukes, Rudolf: Der Kartellvertrag. Das Kartell als Vertrag mit Außenwirkung. München usw., 1959.

Lutter: siehe Kölner Kommentar.

Manigk, Alfred: Privatautonomie im Aufbau der Rechtsquellen. Berlin, 1935. zitiert: Privatautonomie.

— Das rechtswirksame Verhalten. Berlin, 1939.

Meilicke, Heinz und Wienand *Meilicke:* Die Rechtsstellung der nichtantragsstellenden Aktionäre im Verfahren nach §§ 306 AktG, 30 UmwG. Zeitschrift für Unternehmens- und Gesellschaftsrecht (ZGR), 1974, S. 296 ff.

Mertens: siehe Kölner Kommentar.

Mertens, Hans-Joachim: Die Haftung wegen Mißbrauchs der Leitungsmacht nach § 309 AktG aus schadenersatzrechtlicher Sicht. AcP, Bd. 168 (1968), S. 225 ff.

Mestmäcker, Ernst-Joachim: Verwaltung, Konzerngewalt und Rechte der Aktionäre. Karlsruhe, 1958. zitiert: Verwaltung.

— Zur Systematik des Rechts der verbundenen Unternehmen im neuen Aktiengesetz. in: Das Unternehmen in der Rechtsordnung, Festschrift für Heinrich Kronstein, Karlsruhe, 1967, S. 129 ff. zitiert: FS Kronstein.

Meyer-Cording, Ulrich: Die Rechtsnormen. Tübingen, 1971. zitiert: Rechtsnormen.

— Betriebsstrafe und Vereinsstrafe im Rechtsstaat. NJW, 1966, S. 225 ff.

— Die Vereinsstrafe. Tübingen, 1957. zitiert: Vereinsstrafe.

Meyer-Landrut: siehe Großkommentar zum Aktiengesetz.

Möhring, Philipp: Die gesetzliche Regelung der Unternehmensverbindungen im neuen Aktiengesetz. NJW, 1967 S. 1 ff.

Müller, Okko: Die Rechtsnatur von Beherrschungsvertrag und Gewinnabführungsvertrag im Regierungsentwurf zu einem Aktiengesetz. Die Aktiengesellschaft (AG), 1965, S. 133 ff.

Müller-Erzbach, Rudolf: Das private Recht der Mitgliedschaft als Prüfstein eines kausalen Rechtsdenkens. Weimar, 1948.

Müller-Henneberg, Hans: Gesetz gegen Wettbewerbsbeschränkungen und europäisches Kartellrecht. Gemeinschaftskommentar. 3. Aufl., Köln, 1972 ff.

v. Nell-Breuning, Oswald: Unternehmensverfassung. in: Das Unternehmen in der Rechtsordnung, Festgabe für Heinrich Kronstein aus Anlaß seines 70. Geburtstags, Karlsruhe, 1967, S. 47 ff.

Oertmann, Paul: Kommentar zum Bürgerlichen Gesetzbuch und seinen Nebengesetzen, Allgemeiner Teil. 3. Aufl., Berlin, 1927.

Palandt: Bürgerliches Gesetzbuch. 34. Aufl., München, 1975.

Raiser, Ludwig: Das Recht der allgemeinen Geschäftsbedingungen. Bad Homburg v. d. H., 1961, unveränderter Nachdruck der Veröffentlichung von 1935.
zitiert: AGB.

— Vertragsfunktion und Vertragsfreiheit. in: Festschrift zum 100jährigen Bestehen des Deutschen Juristentages, Karlsruhe, 1960, S. 101 ff.
zitiert: Vertragsfunktion.

Raiser, Thomas: Das Unternehmen als Organisation. Kritik und Erneuerung der juristischen Unternehmenslehre. Berlin, 1969.

Rasch, Harold: Gewinnabführungs- und Weisungsverträge im Referentenentwurf eines Aktiengesetzes. Betriebsberater (BB), 1959, S. 165 ff.

— Richtige und falsche Wege der Aktienrechtsreform. Karlsruhe, 1960.

— Aktuelle Probleme des Konzernrechts und der Konzerngesetzgebung. Köln usw., 1970.

— Deutsches Konzernrecht. 5. Aufl., Köln usw., 1974.

Referentenentwurf eines Gesetzes über Aktiengesellschaften und Kommanditgesellschaften auf Aktien (Aktiengesetz). Köln, 1958.

Rehbinder, Eckhard: Konzernaußenrecht und allgemeines Privatrecht. Bad Homburg v. d. H., 1969.

Rittner, Fritz: Die werdende juristische Person. Untersuchungen zum Gesellschafts- und Unternehmensrecht. Tübingen, 1973.

Rosenberg, Leo und Karl Heinz *Schwab:* Zivilprozeßrecht. 11. Aufl., München, 1974.

Roth, Alfons: Dividendenberechtigte Obligationen. Zentralblatt für Handelsrecht (ZBH), 1930, S. 68 ff.

Ruth: Eintritt und Austritt von Mitgliedern. Eine Studie zum Körperschaftsrecht. ZHR, Bd. 88 (1926), S. 454 ff.

Sapper, Helmut: Die rechtssystematische Stellung der Unternehmensverträge. Diss. Tübingen, 1963.

v. Savigny, Friedrich Carl: System des heutigen Römischen Rechts. II. und III. Band, Berlin, 1940.

Schilling: siehe Großkommentar zum Aktiengesetz.

Schlegelberger, Franz und Leo *Quassowski,* Gustav *Herling,* Ernst *Geßler,* Wolfgang *Hefermehl:* Aktiengesetz. Kommentar. 3. Aufl., Berlin, 1939.

Schlosser, Peter: Vereins- und Verbandsgerichtsbarkeit. München, 1972.

Schmidt, Walter: Konzernrechtliche Kodifikation? NJW, 1957, S. 1337 ff.

Soergel/Siebert: Kommentar zum Bürgerlichen Gesetzbuch. 10. Aufl., Stuttgart usw., 1967.

Staudinger, I. v.: Kommentar zum Bürgerlichen Gesetzbuch mit Einführungsgesetz und Nebengesetzen. I. Bd., 11. Aufl., Berlin, 1957.

v. Thur, Andreas: Der Allgemeine Teil des Deutschen Bürgerlichen Rechts. Berlin, 1910 ff., unveränderter Nachdruck 1957.

Untersuchungen zur Reform des Konzernrechts, Bericht der Studienkommission des deutschen Juristentags. Tübingen, 1967.
zitiert: DJT-Konzernrecht.

Werner, Winfried: Der erste Kommentar zum neuen Aktiengesetz. Aktiengesellschaft (AG), 1967, S. 102 ff., 122 ff.

Wiedemann: siehe Großkommentar zum Aktiengesetz.

Wilhelmi, Hans: Das neue Aktiengesetz. Aktiengesellschaft (AG), 1965, S. 153 ff.

Winnefeld, Robert: Stimmrecht, Stimmabgabe und Beschluß, ihre Rechtsnatur und Behandlung. Der Betrieb (DB), 1972, S. 1053 ff.

Wolff, Hans J.: Organschaft und juristische Person, 1. Bd. Juristische Personen und Staatsperson, 2. Bd. Theorie der Vertretung. Berlin, 1933/34.
zitiert: Wolff I bzw. II.

Würdinger, Hans: Gesellschaften, Erster Teil: Recht der Personalgesellschaften. Hamburg, 1937.
zitiert: GesR I

— Betrachtungen zur Regelung der Konzernverfassung im Entwurf eines Aktiengesetzes. Der Betrieb (DB), 1958, S. 1447 ff.

— Zur Reform des Konzernrechts. in: Festschrift für Walter Schmidt zum 70. Geburtstag, Berlin, 1959, S. 279 ff.
zitiert: FS Schmidt.

— Die GmbH als verbundenes Unternehmen und im Konzern. in: Probleme der GmbH-Reform, Rechtsfragen der Handelsgesellschaften, Heft 25, Köln, 1970, S. 122 ff.
zitiert: GmbH.

— Eingliederung nach Abschluß eines Beherrschungsvertrages. Aktiengesellschaft (AG), 1972, S. 13 ff.

— Zur Vermögensverfügung bei der Eingliederung und beim Beherrschungsvertrag. Der Betrieb (DB), 1972, S. 1565 ff.

— Aktien- und Konzernrecht. 3. Aufl., Karlsruhe, 1973.
zitiert: AktR.

— siehe Großkommentar zum AktG.

Zartmann, H.: Der Gläubigerschutz bei konzernmäßig verbundenen Unternehmen, insbesondere bei Organverhältnissen nach geltendem und künftigem Aktienrecht. Aktiengesellschaft (AG), 1965, S. 93 ff.

Zöllner: siehe Kölner Kommentar.

Schriften zum Wirtschaftsrecht

1 **Die Teilhaberschaft an der Offenen Handelsgesellschaft und ihre Vererbung.** Von N. Rokas. 119 S. 1965. DM 22,60.

2 **Rechtsprobleme beim Bau und Betrieb von Erdölfernleitungen.** Von H. H. Kindermann. 180 S. sowie 4 Tafeln mit 5 Tab. und 4 Abb. 1965. DM 35,60.

3 **Die Kartellgenehmigung im Recht des Gesetzes gegen Wettbewerbsbeschränkungen der Europäischen Gemeinschaft für Kohle und Stahl und der Europäischen Wirtschaftsgemeinschaft.** Von G. Greiffenhagen. 263 S. 1966, DM 51,60.

4 **Das Recht der Allgemeinen Geschäfts- und Versicherungsbedingungen.** Von J. Schmidt-Salzer. 291 S. 1967. DM 53,80.

5 **Die wirtschaftliche Deutung der Rechtsprechung zum Montanvertrag.** Von E. Vollmer. 223 S. 1967. DM 47,80.

6 **Die Rechtsnatur der Geschäfte des Internationalen Währungsfonds.** Von J.-D. Kramer. 121 S. 1967. DM 26,80.

7 **Das Ausscheiden aus der Doppelgesellschaft.** Von J. Treeck. 169 S. 1968. DM 35,60.

8 **Die Behandlung unzulässiger Wettbewerbsverbote.** Von D. Löffl. 73 S. 1968. DM 14,80

9 **Schaden und Interesseneinbuße.** Von H. Reinecke. 242 S. 1968. DM 52,80.

10 **Grundsätze der Gewinnhaftung.** Von Chr. Kellmann. 167 S. 1969. DM 35,60.

11 **Ausgleich von Verkehrsunfallschäden im Licht internationaler Reformprojekte.** Von D. Güllemann. 176 S. 1969. DM 38,60.

12 **Nachträgliche Anforderungen an Gewerbebetriebe.** Von H. P. Adler. 145 S. 1970. DM 35,60.

13 **Werkfrachtführer und Werkspediteur im Güterkraftverkehrsrecht.** Von R. Höfel. 166 S. 1972. DM 34,80.

14 **Die Ausweitung des Gutglaubensschutzes beim Kauf beweglicher Sachen im amerikanischen Recht durch den Uniform Commercial Code.** Von R. Pfetsch. 187 S. 1973. DM 36,60.

15 **Der Benutzungszwang im Markenrecht.** Von K.-H. Fezer. 198 S. 1974. DM 44,60.

16 **Rechtsberatung durch Juristen und Nichtjuristen, insbesondere durch Wirtschaftsprüfer.** Von W. B. v. Schweinitz. 243 S. 1975. DM 64,60.

17 **Die „Verwässerung" berühmter Kennzeichen.** Von H. Kohl. 142 S. 1975. DM 38,60

18 **Die Patentierbarkeit von Computerprogrammen.** Von O. Kienzle. 92 S. 1975. DM 24,60.

19 **Der Gesellschaftszusatz in der Handelsfirma.** Von D. Sternberg. 161 S. 1975. DM 44,60.

20 **Territorialitätsprinzip im Patentrecht und Gemeinsamer Markt.** Von J. Andermann. 176 S. 1975. DM 44,60.

21 **Die Unterbeteiligung an einem OHG-Anteil.** Von U. Wagner. 156 S. 1975. DM 39,80.

22 **Summenversicherung und Schadensersatz.** Von I. Rokas. 185 S. 1975. DM 56,60.

23 **Die Firma der GmbH & Co. KG.** Von C. Aschenbrenner. 116 S. 1976. DM 29,80.

24 **Qualitätsrecht.** Von Th. Brendel. 184 S. 1976. DM 56,—.

25 **Folgenerwägungen im Richterrecht.** Von Th. Sambuc. 149 S. 1977. DM 44,60.

26 **Erweiterte Kommanditistenhaftung und atypische Kommanditgesellschaft.** Von S. Elsing. 156 S. 1977. DM 48,—.

27 **Leistungsklagen zwischen Organen und Organmitgliedern der Aktiengesellschaft.** Von K.-J. Lewerenz. 160 S. 1977. DM 48,—.

DUNCKER & HUMBLOT / BERLIN